［新版］

子どもが伸びる ポジティブ通知表 所見文例集

小学校**4**年

知識・技能

思考・判断・表現

主体的に学習に取り組む態度

小川 拓 編

G学事出版

はじめに

　2020年4月に小学校で改訂学習指導要領が全面実施されてから、3年近くが過ぎました。高学年での「外国語」の導入、「外国語活動」の中学年への前倒し、「主体的・対話的で深い学び」等への対応に追われる一方、2020年初頭から始まったコロナ禍への対応等で、現場の先生方は大変な思いをされてきたことと思います。

　今般の改訂で、子供たちに育むべき力が「知識及び技能」「思考力、判断力、表現力等」「学びに向かう力、人間性等」の「資質・能力の三つの柱」に整理され、「評価」の方法も大きく変わりました。具体的に、これまで4観点だった評価規準が3観点に整理され、指導要録の作成、さらには通知表の作成も、この「資質・能力の三つの柱」に基づいて行われることになりました。この新しい評価をどう進めていけばよいのか、いまだに頭を悩ませている先生方もいることでしょう。その基本的な考え方を本書の「PART 1　解説 現行学習指導要領における学習評価と所見」（P.9〜）にまとめましたので、参考になさってください。

　もう一つ、見逃してはいけないのは、通知表の所見欄の記述方法です。通知表に書く所見文は、当然のことながら形成的評価、総括的評価等と整合性が取れていなければなりません。つまり、所見文も新しい評価規準である「知識・技能」「思考・判断・表現」「主体的に学習に取り組む態度」の3観点に準じる形で、書いていく必要があるのです。

　そうした観点から、学年別の模範文例を収録した『子どもが伸びるポジティブ通知表所見文例集』を2020年4月に刊行しましたが、それからの3年間で学校を取り巻く状況は大きく変わりました。「GIGA スクール構想」の推進で1人1台端末が配備され、ICT を活用した授業が多くの教科で展開されるようになりました。また、新型コロナウイルスの拡大防止のため、いまだ多くの学習活動が制限を受けています。

　そうした状況を受け、今回前掲書籍をリニューアルし、『新版 子どもが伸びるポジティブ通知表所見文例集』を刊行することとなりました。前回版から収録文例数も増え、「ICT の活用」や「感染症拡大防止」等の新たな課題にも対応しています。

　前回版と同じく、「PART 2　通知表・指導要録の「総合所見」で使える文例」（P.19〜）は、「行動特性」に関する文例と「学習面の特性」に関する文例が収録されています。「行動特性」の文例は、「基本的な生活習慣」「健康・体力の向上」等、指導要録の「行動の記録」の10項目に沿って収録されており、「学習面の特性」の文例は上述した「3観点」に沿って収録されています。つまり、「行動特性」の文例と「学習面の特性」の文例を組み合わせて記述すれば、指導要録にも転用できる、バランスの取れた総合所見文が出来上がります。

　学校現場が大変な状況にある中、本書の活用を通じて各先生が児童と共に過ごす時間が少しでも増え、評価の充実と子どもたちの健やかな成長に寄与することを願っております。

　2023年1月

　　　　　　　　　　　　　　　　　　　　　　　　　　　　小川　拓

本書の使い方

 1 **総合所見の作成方法** ||||||||||||||||||||||||||||||||||||||||||||

　通知表の総合所見は、子どもの**行動面の特性**と**学習面の特性**の両方を入れると、バランスの取れた内容になります。そのために、本書は次のような流れでご使用ください。

STEP1 ▶「行動面の特性」に関わる文例を選ぶ

　PART2 の「1 ポジティブな行動特性」（P20〜44）または「2 ネガティブな行動特性」（P45〜52）の中から1文を選びます。

1 ポジティブな行動特性（P20〜44）

> 1 「ポジティブな行動特性」に関わる文例
> **（1）「基本的な生活習慣」が身に付いている**児童の所見文
>
> | 主な
行動特性 | すすんであいさつ／手洗い・うがいをする／整理整頓ができる／礼儀正しい／丁寧な言葉遣い／姿勢が良い／時間を守る／忘れ物をしない／チャイム着席ができる／ルールを守る／「5分前行動」ができる／授業準備ができる |
>
> いつもすすんであいさつをしています。担任がいない～校内で出会った教師にも元気の良いあいさつができま＜**この文例を選択**＞さんの人たちに名前を覚えてもらうことが
>
> ┌─────────────────────────────┐
> │ ハンカチやティッシュを忘れることなく準備することができました。休 │
> │ み時間が終わった後の手洗い・うがいや消毒もしっかりと行うことがで │
> │ きました。正しい生活習慣が身に付いています。 │
> └─────────────────────────────┘
>
> 身の回りの整理整頓をしっかりとすることができました。机の中やロッカーの中はいつもきれいに整理されていて、必要な道具をすぐに取り出

2 ネガティブな行動特性（P45〜52）

> 2 「ネガティブな行動特性」に関わる文例
> **（1）「基本的な生活習慣」が身に付いていない**児童の所見文
>
> チャイムの合図で外遊びを終わりにして席に着けるようになってきました。学習課題に集中して、教師の話や友達の意見をよく聞き、自分からすすんで発言ができるようになってきています。
>
> 生活目標についての話で、あいさつや返事についての話を聞きました。それをきっかけに、相手に届くあいさつや返事をしようと意識して過ごしていました。
>
> 学習に必要なものがそろわないことがあり、困っている姿がよく見られました。持ち物を整理整頓することを少しずつできるように、今後もサポートしていきたいと思います。
>
> 職員室に入るとき、当初はあいさつがなかなか言えなかったのですが、今では、自分の名前と用件をはっきりとした声で、しっかりとした態度

STEP2 ▶「学習面の特性」に 関わる文例を選ぶ

　PART2 の「3 学習面の特性」（P53〜90）から1文を選びます。

3 学習面の特性（P53〜90）

> 3 「学習面の特性」に関わる文例
> **（1）国語に関わる**所見文
>
> ◆「知識・技能」に関わる文例
>
> | 特性
キーワード | 漢字の部首の種類と働きを理解／辞典＜**この文例を選択**＞解／慣用句や故事成語の成り立ち・意味 |
>
> ┌─────────────────────────────┐
> │ 教材「漢字の部首」では、「へん」「つくり」「あし」「かんむり」など漢 │
> │ 字の部首の働きと種類を知り、漢字を覚えたり使ったりするときに役立 │
> │ てることができました。 │
> └─────────────────────────────┘
>
> 教材「3年生で学んだ漢字」では、3年生までに習った漢字を正しく読んだり書くことができ、絵を見て想像したことをもとに漢字を正しく使い、文を書くことができました。
>
> 説明文「花を見つける手がかり」（読む）では、段落の役割をよく理解して読むことによって、筆者の考えを支える理由や事例をもとにして全体の情報と中心の情報の関係を捉えることができました。

　ハンカチやティッシュを忘れることなく準備することができました。休み時間が終わった後の手洗い・うがいや消毒もしっかりと行うことができました。正しい生活習慣が身に付いています。

86文字

＋

　教材「漢字の部首」では、「へん」「つくり」「あし」「かんむり」など漢字の部首の働きと種類を知り、漢字を覚えたり使ったりするときに役立てることができました。

77文字

＝

163文字

STEP3 ▶所見文の完成

　本書に収録された文例は全て 71〜90 字なので、2 文を組み合わせることで 142〜180 字の総合所見が完成します。

2 「特別の教科 道徳」「外国語活動」「総合的な学習の時間」の所見の作成方法

「特別の教科 道徳」「外国語活動」「総合的な学習の時間」の所見は、P92〜105 の文例から１文を選ぶだけです。

1 「特別の教科道徳」の文例

特性キーワード　努力の大切さを理解／思いやりの心／相手の立場を考えた行動／素直に謝れる／情報モラル／先人に対する尊敬と感謝の念／周囲に貢献する姿勢／他国の文化を尊重／郷土への愛着／命の尊さを理解／決まり事を守る意識

「だまっていればわからない」の学習では、登場人物の気持ちについてロールプレイを通して学級全体で話し合い、正直に生きることの大切さについて自分の考えを深めることができました。

「あいさつでつながる」の学習では、自分のあいさつについて考え、あいさつが相手と自分の心をつなげることに気付き、今後の生活の中で実践していこうと意欲を高めることができました。

「夢に向かって泳ぐ」の学習では、目標に向かって粘り強く努力することの大切さを知り、自分の夢を叶えるために苦しいことも乗り越えて努力

「雨のバスていりゅう所」の学習では、身の回りの決まりについて考え、気持ち良く過ごすためには、自分のことばかりではなく、みんなのことも考える必要があることに気付くことができました。

「かっこいいせなか」の学習では、高学年の姿を学級全体で話し合い、みんなのために働くことができる人になりたいという思いをもち、今後の生活に生かしていこうとする意識を高められました。

この文例を選択 の学習では、「怒られたくないからそを通して素直に謝ることが、毎日を明るく要だと気付きました。

「ほっとけないよ」の学習では、「友達に注意できなかったことがある」と振り返り、自信をもって正しいことをすることが、自分や周りの人のためになることについて深く考えることができました。

「プロレスごっこ」の学習では、「断ることは難しいけれど、努力していきたい」と発言し、自分事として捉えることで、公正・公平に接する難

3 本書の特長 ||||||||||||||||||||||||||||||||||||||||||||||||

特長①　各カテゴリーの冒頭に**特性キーワード**を掲載しているので、これを手掛かりに文例を探せます。

1 「ポジティブな行動特性」に関わる文例
（1）「基本的な生活習慣」が身に付いている児童の所見文

主な行動特性　すすんであいさつ／手洗い・うがいをする／整理整頓ができる／礼儀正しい／丁寧な言葉遣い／姿勢が良い／時間を守る／忘れ物をしない／チャイム着席ができる／ルールを守る／「5分前行動」ができる／授業準備ができる

いつもすすんであいさつをしています。担った教師にも元気の良いあいさつができまさんの人たちに名前を覚えてもらうことが **特性キーワード**

ハンカチやティッシュを忘れることなく準備することができました。休み時間が終わった後の手洗い・うがいや消毒もしっかりと行うことができました。正しい生活習慣が身に付いています。

身の回りの整理整頓をしっかりとすることができました。机の中やロッ

特長③　学年別の文例集のため、**各学年の教材・単元名**などが文例に盛り込まれています。（教科書が異なる場合等は、教材名を置き換えてご使用ください。）

４年生の教材名
（教科書が異なる場合は置き換え）

教材「漢字の部首」では、「へん」「つくり」「あし」「かんむり」など漢字の部首の働きと種類を知り、漢字を覚えたり使ったりするときに役立てることができました。

特長②　網掛けの文例は、ネガティブな特性について書かれた文例です。文章自体は、ポジティブな視点から前向きに書かれています。

閉じ込めた水の体積変化を調べる学習では、友達とすすんで協力し合い、実験をすることができました。思わぬ実験結果を見て、本当に結果が正しいのか何度も検証をしていました。

天気と気温の関係を調べる学習では、1時間ごとの気温の変化をしっかり調べることができ **ネガティブ特性に基づく文例** として調べる姿が

生き物の観察では、苦手ながらも頑張る姿が見られました。タブレット端末の映像やイラストなどを見て、生き物に少しでも興味をもってくれると学習により意欲的に取り組めると思います。

理科の学習では実験に楽しんで参加しています。植物の観察については、タブレット端末で撮影した写真をもとに記録をまとめていくと、苦手意識が改善できると思います。

特長④　本書には**索引**（P107〜）が付いています。児童の活動内容（あいさつ、着替えなど）活動場面（朝の会、休み時間、遠足など）、学習内容（たし算、マット運動、鉄棒など）から検索できるので、児童について思い出せる場面をもとに、文例を探すことができます。

目 次

PART 1 解説 現行学習指導要領における学習評価と所見

PART 2 通知表・指導要録の「総合所見」で使える文例

1 「ポジティブな行動特性」に関わる文例

2 「ネガティブな行動特性」に関わる文例

3 「学習面の特性」に関わる文例

解説
現行学習指導要領
における
学習評価と所見

●

このPARTでは、2020年4月から全面実施された現行学習指導要領における学習評価と所見について、基本的な事柄を解説していきます。

CONTENTS

現行学習指導要領における学習評価

小川 拓（共栄大学准教授）

1 学習評価の前に

　適切な評価をするためには、子供たちをよく見ておかなければいけません。テストの結果だけで成績を付けることができるのは、一部分です。適切な評価ができる教師は、良い授業も行っているはずです。単元目標などをしっかりと見据え、児童の実態に合わせた適切な計画・指導が行われていなければ、どこで評価するかも分からず、適切な評価ができるわけがありません。良い教師は、日々の形成的評価の中で児童の実態を把握し、様々な手段を使い「個別最適な学び」を創出していきます。形成的な評価の積み重ねがあってこそ、総括的な評価が生まれ、通知表や指導要録の文言につながっていくのです。

　通知表や指導要録の文言は、最終的な成績に対する文言でなくても構いません。子供たちの努力や経過、取組を書くこともできます。その際には形成的な評価と個別最適な学びを提供する教師の知識や分析力、指導技術が重要となってきます。

　子供たちを「よく見る」とは、適切に子供を褒められるということにつながります。「褒める教師」は、適切な評価ができると言っても過言ではありません。子供たちの悪いところは黙っていても目につきます。しかし良いところは、褒めてあげようという姿勢がなければ見つけることができません。そのため、いつ何時も子供たちを褒めてあげようという気持ちを持つことが大事なのです。イメージとしては、子供を褒めるスイッチを「ON」にしたまま子供たちと接するのです。その都度、「ON」にするのではありません。四六時中、「ON」にしたままにするのです。そのような姿勢が「子供たちを見る視点」を高めていきます。

2 現行学習指導要領における学習評価

　現行学習指導要領（2017年告示）において、各教科等の目標や内容は、教育課程全体を通して育成を目指す「資質・能力の三つの柱」に基づいて再整理されています。

> ア 「何を理解しているか、何ができるか」（知識及び技能）
> イ 「理解していること・できることをどう使うか」（思考力、判断力、表現力等）
> ウ 「どのように社会・世界と関わり、よりよい人生を送るか」（学びに向かう力、人間性等）

　学習評価もこの「資質・能力の三つの柱」に準じて行われていることはご理解いただいているところだと思います。

　このうち「学びに向かう力、人間性等」については、「①『主体的に学習に取り組む態度』として観点別評価（学習状況を分析

的に捉える）を通じて見取ることができる部分と、②観点別評価や評定にはなじまず、こうした評価では示しきれないことから個人内評価（個人のよい点や可能性、進歩の状況について評価する）を通じて見取る部分があることに留意する必要がある」（中央教育審議会答申2016年12月）とのことから、観点別学習状況の評価（評定）については、以下の３観点で行われます。

①知識・技能
②思考・判断・表現
③主体的に学習に取り組む態度

通知表の所見欄についても、学習面の記載はこれら３観点から見て、「優れている部分」や「課題のある部分」を記述していくことによって、評定との連動性が図られることになります。

また、基本的な方向性も示されています。

①児童生徒の学習改善につながるものにしていくこと。
②教師の指導改善につながるものにしていくこと。
③これまで慣行として行われてきたことでも、必要性・妥当性が認められないものは見直していくこと。

上記も踏まえながら幅広く、教育効果を高めるようにしながら学習評価に取り組んでいく必要があります。

難しそうに聞こえますが、子供たちのために資質・能力を高めていくことを第一に考えながら教育活動を行っていれば、普通のことかもしれません。

3 評価規準と評価基準を明確化し、公正な評価を

人が人を評価するというのは非常に難しいことです。自分の感覚だけで評価を行うと「いいかげん」な評価になってしまったり、「学習内容（活動）」の評価から大きくかけ離れた評価になってしまったりします。

そのために、「評価規準」と「評価基準」を設定する必要があります。どちらも「きじゅん」と読むために二つを混同してしまう先生も多いようです。簡単に説明すると、

　「評価規準」⇒手本
　「評価基準」⇒ものさし

となります。

「評価規準」は手本ですから、この単元（授業）でこのような児童に育ってもらいたいという姿になります。「単元目標」や「本時の目標」と表現は異なりますが、非常に近いものになります。

「評価基準」は、評価をする際の「ものさし」ですので、「Ａ：たいへんよい」「Ｂ：よい」「Ｃ：もう少し」のような形で設定されます（通知表）。文章で表現され、観点の内容によっては、点数で表現されることもあります（指導要録と通知表では文言は異なりますが、考え方は同じです）。

「Ｂ」を基準にして、それ以上を「Ａ」それ以下を「Ｃ」とするような考え方もあります。また、「Ａ」と「Ｃ」を明確に示し、「Ｃ」と「Ａ」の間を「Ｂ」とするような場合もあります。

実際に評価を行っていく際には、そうして設定された「評価基準」を参考にします。評価基準の文言は、文章で書かれていることが多く、そのため、評価「Ａ」と「Ｂ」の境界が、判定しづらいケースもあります。同じような実態の児童であっても、ある先生は「Ａ」、自分は「Ｂ」と評価が分かれてしまうこともあります。そうした状況が起

きると、児童ばかりでなく、保護者の信頼も失いかねません。

そうならないためにも、学校で評価について共通理解を図っておく必要があります。中でも一番大切なのは、学年（または、低中高のブロック）間の共通理解です。補助簿やメモ等を見ながら評価基準に照らし合わせ、学年で話し合い、細かい基準を明確にしていく必要があります。児童のノートやワークシート、作品などを見せ合いながら行うのも有効です。そうした話し合いを通じ、教師間、学級間の評価に対する考え方の差が埋まっていきます。また、若手教員が評価のやり方や考え方を先輩教員に学ぶ場にもなります。児童の作品等を見せ合えば、指導法にも話が及ぶことでしょう。若手にとっては、中堅・ベテランの指導法やちょっとした配慮、裏技的なテクニックやエッセンスを学ぶ良い機会にもなります。

（1）「知識・技能」の面から、所見をどう書くか

「知識・技能」の所見については、ペーパーテストや小テストの累積の結果を文章で書くこともできますが、児童の観察や実験の様子、文章で表した内容等も踏まえて記述していくとよいでしょう。

その際、個別の指導計画やスモールステップの指導等、「個別最適な学び」に向けた指導がポイントになります。通知表の評価は「C」であったとしても、必ず成長している部分があります。「できなかったものができるようになった」「○○ができるまで、あと一歩まで到達した」など、通知表の「○」印だけでは、読み取ることのできない部分を所見に記すと、児童にも保護者

にも喜ばれる通知表となります。

（2）「思考・判断・表現」の面から、所見をどう書くか

「思考・判断・表現」では、授業内で単に話し合いの場を設けて、その様子を評価すればよいということではありません。文章、図やイラスト、ペアトーク、グループ活動、プレゼンテーション、作品の制作、その他の表現等を総合的に評価していくことになります。その際、観点別評価の評価基準に照らし合わせた上で、評価した部分を所見に記したり、特徴のある児童の様子を記述したりすることもできます。

通知表や指導要録の成績は「絶対評価」ですので、個人内評価の部分を通知表の所見で伝えることができます。また、授業を行う上で、児童が自ら「話し合いたい」「発表したい」「できるようになるための方法を考えたい」等の気持ちが起きるような授業づくりをしていくことも大切です。

（3）「主体的に学習に取り組む態度」の面から、所見をどう書くか

「主体的に学習に取り組む態度」の評価する姿や力については、「挙手の回数」「ノートの文字のきれいさ」「忘れ物」等、その児童の性格的な面やそのときの一時的な行動の様子を評価するものではありません。

「態度」という言葉から、「話を聞く姿勢（態度）が悪い」「私語が多い」等、態度が悪いから評価を「C」にするような評価は、適切ではありません。

「主体的に学習に取り組む態度」の「態度」とは、行われている授業の「目標」に向かっていく態度であり、自らが目標を持

ち、課題に向かって粘り強く取り組んだり、積極的に係わり、自己の学習を振り返ったりしながら学習を進める「態度」を評価するということになります。

そのように考えると、「主体的に学習に取り組む態度」は、「知識・技能」「思考・判断・表現」の2つの評価の観点にも、深く影響することになります。「ノートを丁寧にとっている」「話を聞く態度がよくなった」等は、行動面の所見でも十分に伝えることができます。

4 通知表の作成における留意点

評価を行う際に児童の様子を見取っていくわけですが、全ての観点を毎時間行うというのも現実的ではありません。また、学期の最後にまとめて評価するというのもよろしくありません。ある程度まとまった指導の後に学習評価を行い、補助簿（学級の名表）に評価を記入していきましょう。

授業内で児童の様子を評価しなければいけない場合には、付箋を使うのも有効です。名表で名前を探して、「○△」や「ＡＢＣ」を記入するより、評価の観点と評価基準を頭に入れ、付箋に児童の名前を書いていった方が時間を短縮できます。

「ＡＢＣ」で評価するのであれば、「Ａ」と「Ｃ」の児童名を記録し、児童が下校後、補助簿に転記していくとよいでしょう。

5 特別の教科道徳（道徳科）の 評価について

道徳科の評価について、学習指導要領に「数値などによる評価は行わないものとする」とあるのは、周知のことと思います。また、「学習状況を分析的に捉える観点別評価を通じて見取ろうとすることは、児童の人格そのものに働きかけ、道徳性を養うことを目標とする道徳科の評価としては妥当ではない（小学校学習指導要領解説 特別の教科道徳編）」にあるように、観点別評価も適切ではないとされています。

とはいえ、道徳科は「評価をしなくてよい」ということではありません。評価においては、「内容項目」ごとに知識を植え付け、それについて評価を行うのではなく、ある一定期間の児童の成長を積極的に見取り、評価していくことが大切です。その際、他者と比べるのではく、個人内評価として記述していきます。

記述する際に、重視したいポイントは以下の2点となります。
①一面的な見方から多面的・多角的な見方へと発展させているかどうか。
②道徳的価値の理解を自分自身との関わりの中で深めているかどうか。

この点に留意しながら進めてください。

【参考・引用資料】
・道徳教育に係る評価等の在り方に関する専門家会議「「特別の教科道徳」の指導方法・評価等について（報告）」（2016年7月）
・中央教育審議会「幼稚園、小学校、中学校、高等学校及び特別支援学校の学習指導要領等の改善及び必要な方策等について（答申）」（2016年12月）
・文部科学省「小学校学習指導要領（平成29年告示）」（2017年3月）
・文部科学省「小学校学習指導要領解説特別の教科道徳編」（2017年7月）
・中央教育審議会「学習評価の在り方について」（2019年1月）
・文部科学省「小学校、中学校、高等学校及び特別支援学校等における児童生徒の学習評価及び指導要録の改善等について（通知）」（2019年3月）

所見を書く上で
気を付けたいポイント

小川 拓（共栄大学准教授）

1 「教育効果」を意識すること

通知表の文面で、「よく発言するようになり、頑張っています」等の文面を見ることがあります。褒め言葉を入れて書かれていますが、それだけでは教育効果が薄いでしょう。学校で行われている活動は、全て「意図的」「計画的」に行われなければならないからです。そう考えると、通知表も教育効果がもたらされるように作成・記述していく必要があります。学校によっては、通知表に「あゆみ」「かがやき」等の名前を付けているところもありますが、それは教育効果を高めようとしていることの表れとも言えます。

それでは、通知表に求められる役割とは何なのでしょうか。第一に挙げられるのは、学習意欲等のモチベーションの維持・向上です。その意味でも、通知表を見た児童や保護者が「次の学期（学年）も頑張ろう」などと思うような通知表にしていかなければいけません。そうした通知表にすることで、児童や保護者の信頼も高まります。

通知表は、学期を通しての総括的な評価です。だからこそ、日々の授業や形成的な評価をしっかりと積み重ね、通知表や指導要録などの総括的な評価へと、つなげられるようにしていくことが大切です。

通知表の所見については、どのように捉えていけばよいのでしょうか。端的に言えば、一人一人の子供たちへの「具体的な褒め言葉」を記入するということに尽きると思います。もしかすると、「この児童には褒める言葉が見当たらない」と悩まれる先生もいるかもしれませんが、それは他の児童と比べているからです。

現在の通知表の評定は「絶対評価」ですから、ある基準ラインを超えていれば、全ての児童がＡ評価を取ることができます。そうした評価基準で所見を考えてしまうと、能力の低い児童は学習面において優れていることがなく、「書くことがない」ということになってしまいます。しかし、所見を書く上で、絶対評価的な考え方は向いていません。むしろ「個人内評価」的な考え方をした方が、一人一人の伸びを褒めて認め、所見として残すことができます。そのためには児童一人一人の能力を把握し、個に応じた指導を行い、本人の言動や成長を前向きに記述していくことが大切です。そうした所見が、児童のやる気をさらに伸ばすことになります。

2 学習評価の基本は「褒める」

小学校の先生方と話をしていると「評価は難しい」との声をよく聞きます。確かに、人が人を評価するのは難しいことですが、大切なのは普段から実施している教育活動自体が、評価につながっていると考えることです。

ある内容を学級で指導したとしましょう。

児童はその内容を身に付けようと、一生懸命取り組みます。よくできる児童について「よくできていますね」と声を掛ければ、それは評価です（評価基準に照らし合わせて）。

一方で、一生懸命取り組んでいてもなかなか成果が出ない児童に対しては、どのような声掛けをしているでしょうか。「ここまでできるようになって、素晴らしいですね」「一生懸命に取り組んでいる様子が立派です」「あと、もう少しですね。ここを工夫するとさらに良くなりますよ」などと声掛けをしていくと思いますが、そうした働き掛け自体も学習評価となり、そのプロセスを通知表の所見として書くこともできます。

これは、形成的評価（一人一人の日々の学力を把握し、次の指導を行うために行われる評価のこと）と呼ばれるもので、単元の評価計画に照らし合わせて行っていきます。児童は、個によって能力が異なります。画一的な一斉指導だけでは一人一人の能力を伸ばすことができません。日々の形成的評価を積み重ねることで、児童はより良く成長していくのです。その様子を記録に残し、児童のより良い側面が表出している部分を選んで、所見に書くことが大切です。褒めるということが、教育評価の一番大切なところなのです。また、褒め言葉とともに、個人の伸びたところを伝えることが、児童や保護者の喜びにつながり、次学期（次学年）への意欲を高めます。

3 ネガティブな側面も、ポジティブな側面から書く

低学年に、たし算の繰り上がりの計算が苦手な児童がいたとしましょう。その際「○○さんは、たし算の繰り上がりの計算が苦手なようです。家庭でも練習すれば定着するでしょう」と所見に記入しても、児童はやる気が出ません。むしろ、やる気を失ってしまうことでしょう。この記述は、教師自らの指導の責任を家庭に転嫁しているようにも見えます。

では、次のように書けばどうでしょうか。
「たし算の繰り上がりでは、何度も何度もブロックを使いながら練習していました。少しずつではありますが確実に定着しています。○○さんの頑張りをご家庭でも応援してあげてください。」

前述の所見に比べ、児童も保護者もやる気が出るのではないでしょうか。児童ができないことや苦手なことでも、前向きに取り組んでいる様子や進歩している様子を記述すれば、それは褒め言葉に変わります。

担任、授業者であれば、児童一人一人の個性や能力を把握しているはずです。「個に応じた指導⇒個別最適な学び」を行っていれば、褒め言葉とともに良い所見文が記述できることでしょう。

4 教科評価と所見との整合性を取る

通知表の作成には、多くの時間と労力を要します。35人学級であれば35人分のデータをそろえ、観点別評価を行い、所見を記していく必要があります。

所見の書き方として、各教科の評価を意識しながら書いていくケースと、意識しないで書いていくケースとがあると思います。

通知表の所見は個人内評価も加味して書くことが多いですから、どちらも間違いではありません。

注意していただきたいのは、「教科評価と所見との整合性」を取ることです。前述した通り、所見は褒め言葉を入れて書くことが多いのですが、その際は「教科評価と所見との整合性」という点で、保護者に誤解を与えないようにする必要があります。

例えば、算数の観点別評価で「Ｃ評価」を付けたとしましょう。その上で、通知表の所見に「計算練習をよく頑張っています。ご家庭でも褒めてあげてください」と記述すると、「頑張っているのに、なぜＣ評価なのか」と、不信感を与えてしまいかねません。教科評価が「Ｃ評価」なのであれば、例えば「○○の計算について練習を重ね、定着しつつあります。宿題なども少しずつですが、行えるようになってきました」のように、整合性のある記述が必要です。多くの家庭が通知表を子供の成長の記録として何十年も保管しているわけで、誤解を生まないように留意することが求められます。

５ 「行動の記録」の記録の取り方

人間の記憶というものは、非常に曖昧なものです。見聞きした時点ではしっかりと覚えていても、時間が経てば忘れてしまいます。20分後には42％を忘れ、1時間後には56％を忘れ、1日後には74％を忘れ、1か月後には79％を忘れます。そうしたことを考えても、「記憶」に頼るのではなく、「記録」をしていくことが重要なのです。

では、どのように記録を取っていけばよいのでしょうか。

具体的な手法の一つとして、学級のノートを1冊作ってみてはいかがでしょうか。1人につき1ページのノートです。35人学級であれば、35ページのノートとなります。

ノートの1ページを半分に折り、左側にはその児童の特徴的な出来事を短く記述していきます。「○月○日：けがをした1年生を保健室に連れて行く」「○月○日：掲示物の手伝い」「○月○日：花の水替え」といった具合にです。係活動などとは別に、自主的に行ったことを書いていくとよいでしょう。

前述したような、学習面での取組や成長も、併せて記録に残していきましょう。また、問題行動等の内容も、日付とともに記録しておきます。

一方、ページの右側には保護者とのやりとりを記録していきます。そのノートを見ながら面談や電話連絡を行い、記録を残しておくと、後で有効に活用することができます。そうした記録を残しておけば、次の面談や電話連絡を行った際に、「前回、お母さんが心配されていた○○の件、その後いかがでしょうか？」等と話すこともできます。私自身、そうした話をよくしていましたが、多くの保護者が「先生、よく覚えていらっしゃいますね」と、話されていたのを覚えています。

学期の終わりには、このノートを見ながら通知表の所見を書いていくと、より具体的な内容を記述することができます。

６ 評価記号で差をつける

各教科評価の記号を作り、所見に結び付けるのも有効です。学習後、評価を行う際に「Ａ」「Ｂ」「Ｃ」の記号をつけていくと思います。その際、評価基準に照らし合わせて「Ａ」評価をつけたものの、後で振り返った際に具体的にどこが良くて評価を付けたのかが分からなくなることが少なくありません。そうしたことを防ぐために、記

載方法を工夫しておくことをお勧めします。

　例えば、各教科領域の表現活動として発表をさせることがあるでしょう。「A」評価の児童の場合、何が良かったかを次の図のように「A」の周りに記していくのです。

評価記号の例

　図内の「T」は「正しさ」、「K」は「声の大きさ」、「H」は「表現の豊かさ」を表しています。あるいは「S」として発表の「速さ（スピード）」や「テンポ」等を記載することもできます。児童が一人ずつ発表しているときは、授業者も余裕がありますから、名表の「A」の周りに記号を書いていくことができることでしょう。

　こうして記述しておけば、児童は評価基準に照らし合わせて行った学習評価において「A評価」であり、「正しさ」「声の大きさ」「表現の豊かさ」が優れていたことが分かります。これを、通知表の所見用に文章にすればよいのです。

７ 通知表の所見は多くの目で

　児童の行動の中には、良い行いもあれば良くない行いもあります。良くない行いについては当然、指導を重ねて改善していく必要があります。良い行いについては、通知表の所見に記入することが可能です。

　とはいえ、子供たちは担任が知らない場所でも、様々な活動をしています。そうした行いについては、どうすればよいのでしょうか。

　よく行われているのが、「子供の良さ発見カード」です。このカードを職員室に置き、子供たちの良い行いを見つけた場合に記入して、担任の先生に渡します。

　学級担任は、クラスの児童に対し「Aさんはこのような子だから、きっとこうに違いない」と固定観念で見てしまうことが少なくありません。でも、複数の教師の視点で子供たちを観察すれば、児童の新たな一面を発見することもできます。児童からすれば「自分のこんなことも知ってくれているのか」とうれしく思うとともに、教師への信頼度も向上するでしょう。また、報告をしてくれた教師にも感謝するに違いありません。

　また、学級活動の中でワークシートに書かせて発表し合う活動（グループで行ってもよい）、帰りの会等で「今日のMVP」として良かった行いを発表する活動なども有効です。

　そうした取組は、所見の材料にすることもできます。記録は、前述した学級のノートに書いていきましょう。個人面談等の際にも役に立ちます。また、児童に書かせた「となりの子の良いところ」（各学期末に行うとよい）のワークシートも、保管しておくことで、通知表の所見の材料にすることができます。こうした活動を行えば、児童同士の関係も良くなり、学級の雰囲気も明るく優しい感じになっていきます。

　本書では、読者の皆さんと同じように現場で指導している先生方が、学習指導要領の方針を踏まえつつ、ご自分の経験や指導も基にしながら執筆した文例をたくさん掲載しています。皆さんが児童の実態に合わせて所見を書く時、どのように表現してよいか困った時などに、ぜひ参考にしてください。同じ内容でも言い回しや表現の仕方をより良くすることによって、児童や保護者に与える印象は大きく変わります。

通知表・指導要録の「総合所見」で使える文例

●

このPARTでは、通知表や指導要録の「総合所見」で使える文例を紹介します。20～52ページの行動特性に関わる文例から1文例、53～90ページの学習面の特性に関わる文例から1文例を組み合わせる形でご活用ください。

CONTENTS

ここから1文例
（71～90字）

ここから1文例
（71～90字）

142～180字程度の所見文が完成

1 「ポジティブな行動特性」に関わる文例
（1）「基本的な生活習慣」が身に付いている児童の所見文

すすんであいさつ／手洗い・うがいをする／整理整頓ができる／礼儀正しい／丁寧な言葉遣い／姿勢が良い／時間を守る／忘れ物をしない／チャイム着席ができる／ルールを守る／「5分前行動」ができる／授業準備ができる

いつもすすんで**あいさつ**をしています。担任だけでなく、校内ですれ違った教師にも元気の良いあいさつができます。あいさつを通じて、たくさんの人たちに名前を覚えてもらうことができました。

ハンカチやティッシュを忘れることなく準備することができました。**休み時間**が終わった後の**手洗い・うがい**や消毒もしっかりと行うことができました。正しい生活習慣が身に付いています。

身の回りの**整理整頓**をしっかりとすることができました。机の中やロッカーの中はいつもきれいに**整理**されていて、必要な道具をすぐに取り出すことができます。

先生の話は前を向いて聞く、提出物を出すときは「お願いします」「ありがとうございます」と言うなど、基本的な礼儀が身に付いています。「〜です」と、丁寧な**言葉遣い**もできています。

いつも礼儀正しく、丁寧な**言葉遣い**で周りの人と接しています。○○さんの振る舞いは、学級に良い影響を与え、周りの友達も正しい言葉遣いを意識できるようになってきました。

いつも時間を意識して行動することができます。**休み時間**も予鈴を聞くとすぐに次の学習の準備を始め、チャイムが鳴る頃には席に着き、姿勢正しく号令を待つことができています。

忘れ物がなく、提出物も必ず決められた期限までに出すことができます。毎日の連絡帳も丁寧な字で書いており、○○さんの字は読みやすいと学級でも話題になっています。

授業の始まる前は、指示されなくとも必要な学習道具をそろえることができています。**登校**や**掃除**、授業などの時刻を必ず守り、時計を見て行動することができています。

　人の話は姿勢を正して聞く、**授業**が始まる前に学習道具をそろえるなどの基本的な生活習慣が身に付いています。「～です」「～ます」など、丁寧な**言葉遣い**もできています。

　気持ちの良い返事、爽やかな**あいさつ**、時と場に応じた態度や**言葉遣い**が身に付いていて感心します。あいさつ名人として、クラスのみんなから推薦され、全校児童の前で紹介されました。

　連絡帳をいつも丁寧に書いており、忘れ物がないだけでなく、翌日の連絡等もしっかりと覚えています。**クラブ活動**でも忘れ物がなく、楽しく活動できているようです。

　朝**登校**すると、元気に自分からすすんで**あいさつ**することができ、気持ちの良い朝を迎えることができています。お辞儀をしたり笑顔であいさつしたりするなど、下級生の手本となっています。

　通学班の副班長として、班の後ろから班員の安全を確認しながら**登校**しています。下校時にも、横断歩道できちんと手をあげながら渡る姿は、学校全体の良き手本となっています。

　授業中だけでなく、普段から良い姿勢で話を聞くことができます。朝や帰りの**あいさつ**もまっすぐに立って大きな声ですることができ、学級の良き手本となっています。

　友達にも先生にも丁寧な**言葉遣い**で話すことができます。時と場合に応じた話し方もできており、相手の気持ちを理解し、コミュニケーションを取ろうとする態度は立派です。

　給食の食べる量が増え、おかわりも積極的にしています。**朝の会の健康観察**では表情も明るく、声にも張りがあります。**手洗い・うがい**を欠かさず、元気に学校生活を送ることができています。

誰にでも気持ちの良いあいさつをすることができます。時と場合に応じた適切な**言葉遣い**もできていて、相手の立場を考えた言動は、他の友達の模範となっています。

休み時間と**授業**のけじめをきちんとつけられています。休み時間の間に学習の準備を整え、チャイム**着席**ができているので、授業のスタートとともに学習に集中できています。

毎朝のルーティンが身に付いていて感心します。素早く、手際よく準備や片付けができるので、外でもたくさん遊ぶことができています。クラスの友達にも声を掛けるなど手本となっています。

きまりごとの意味を理解し、ルールを守って気持ち良く生活をしています。**教室移動**の際は、静かに廊下の右側を歩くことも身に付いています。**朝の会**や健康診断の際は手本となる姿に感心しました。

忘れ物を減らすためにご家庭の協力も得ながら、前日の夜に準備する習慣が身に付きました。そのおかげで学校でも忘れ物で困ることがなくなり、学習に集中できるようになりました。

休み時間には、次の**授業**の準備を欠かさず行うことができています。時間を考えて、チャイムが鳴る前に席に着いて、意欲的に学習に臨む姿がクラスに良い影響を与えています。

「あいさつと言えば○○さん」というくらい、気持ちの良いあいさつが教室を明るくしてくれます。提出物を出す際に必ず「お願いします」と言う姿は、クラスの皆の手本となっています。

気持ちの良いあいさつ・返事がしっかりとできます。教師の話を正しい姿勢で聞くだけでなく、「はい」と必ず返事をする姿からも学習の習慣が身に付いている様子がうかがえます。

自分の持ち物の管理をすることができました。自分のことだけでなく、**整理整頓**が苦手な友達にも声掛けをするなど、教室全体に目を向けて整理整頓を心掛けることができました。

週に1回、机の中を**整理整頓**し、学習に必要な道具がそろっているかを確認していました。友達にも机の中の**整頓**のポイントを教えてあげるなどしていました。

休み時間には、チャイム前**着席**をするなど、時間を守って生活することができました。また、友達にも優しく声を掛けてくれるので、学級に時間を守る雰囲気が醸成されました。

「**5分前行動**」が身に付いており、**学年集会や学年体育**の集合に遅れることがありません。友達にも声を掛けながら、時間を守ることの大切さをしっかりと行動で示すことができました。

休み時間になると、すぐに遊びに行くのではなく次の**授業の準備**をしてから、席を立つ習慣がつきました。チャイムが鳴ったらすぐに**着席**し、学習に取り組むこともできています。

自分の持ち物の**整理整頓**がしっかりとできているので、忘れ物や落とし物がなく、**授業**に集中して取り組むことができています。そうした姿が学級の良き手本となっています。

「時間を守る」「忘れ物をしない」など、学級目標でもある「当たり前のことを当たり前に行う」ことができています。クラス全体でも取り組めるよう、声掛けもしてくれています。

「目を見て自分から気持ちのいい**あいさつ**をしよう」という生活目標の達成に向けて努力しました。自分だけでなく友達にも声を掛け、一生懸命取り組んでいた姿が印象的です。

授業開始の時刻には学習の準備を整えて、チャイムと同時に必ず**着席**することができます。友達にも声を掛けるなどして、時間を守ることの大切さを伝えてくれました。

誰に対しても丁寧な**言葉遣い**で話すことができます。時と場合に応じた話し方もでき、感心しています。相手の気持ちになって、語りかけている態度がとても立派です。

1 「ポジティブな行動特性」に関わる文例
（2）「健康・体力の向上」が見られる児童の所見文

主な行動特性

元気に外遊び／毎日休まず登校／風邪をひかない／ハンカチ・ティッシュを携行／手洗い・うがいをする／給食を完食／歯磨きを欠かさない／自主的にランニング／衣服で体温調節／早寝・早起き・朝ごはん

休み時間はいつも**外遊び**に行き、元気に体を動かしていました。よく運動し、**給食**をよく食べて健康的な生活をしていたので、今学期は1日も休むことなく**登校**しました。

休み時間は、いつも元気に**外遊び**をしていました。外遊びによって丈夫で健康な体をつくることができたので、毎日休むことなく**登校**することができました。

なわとび大会の練習では、どんなに寒くても率先して外に出て、ひたすら練習をしていました。その成果か、大会では去年よりも二重跳びを5回も多く跳ぶことができ、満足そうでした。

毎日汗をたくさんかきながら、元気良く外遊びをしていました。**鬼ごっこ**をしているときは、足を止めることなく、時間いっぱい元気に走り回っていました。

衛生面と健康面に気を配り、いつもポケットにハンカチとティッシュを入れています。インフルエンザ予防のため、丁寧に**手洗い・うがい**をしており、毎日を元気に過ごすことができました。

毎日の**外遊び**を通して、体力の向上を図ることができました。さまざまな遊びを通して身に付けた体力は、**体育**の学習をはじめいろいろな場面で生かされています。

給食は好き嫌いをせずに毎日残さず食べています。**休み時間**は校庭で元気に体を動かしているので、風邪をひくことがほとんどなく、休まず**登校**することができ皆勤賞でした。

体育の時間だけでなく、**休み時間**中も持久力をつけようと校庭を自主的に走っています。また、友達を誘って**鬼ごっこ**をするなど、伸び伸びと毎日を過ごせています。

休み時間には、**持久走大会**に向けて友達と声を掛け合いながら練習に取り組みました。みんなで楽しく取り組むことで体力の向上が図られ、良い記録につなげることができました。

休み時間には、みんなを誘って校庭に行き、汗をかきながら楽しそうに遊んでいます。○○さんの活発で元気いっぱいな姿は、学級全体にも良い影響を与えてくれています。

朝の**健康観察**のときには、いつも誰よりも大きな声で「元気です！」という○○さん。その声のおかげで、学級のみんなも元気な一日をスタートすることができます。

保健係として、**休み時間**には教室の窓を開け、換気をしてくれました。○○さんの行動のおかげで、学級のみんなもインフルエンザに対する予防の意識が高まりました。

○学期の**休み時間**は一輪車に夢中で、友達にコツを聞きながら毎日練習を重ねていました。努力が実り、一人で乗れるようになったときには、友達とうれしそうに報告しに来てくれました。

ハンカチ・ティッシュを毎日欠かさず持ってきています。自分が使うためだけでなく、友達が転んですりむいたときにも、さっとティッシュを手渡す姿が見られました。

免疫力を高めて感染症を防ぐため、**給食**を完食しています。食生活が充実しているためか、6時間目まで**授業**にしっかり集中できており、以前よりも体力が向上している様子がうかがえます。

給食を完食し、おかわりも積極的にしています。食生活が充実しているためか、6時間目まで**授業**にしっかり集中できており、以前よりも体力が向上している様子がうかがえます。

朝マラソンに毎日欠かさず取り組んでいます。１日５周という自分で決めた目標に向かって継続できるのは立派です。気持ちの良い汗をかいて、健康的な学校生活を送ることができています。

休み時間になると、校庭や体育館に行き、たくさんの友達と積極的に体を動かすことができました。汗をかきながら運動する姿からも、体力の向上に対する関心の高さがうかがえます。

身体測定の際に養護教諭から保健指導を受け、「目の健康のためにタブレット端末を使うときの姿勢や家での使用時間などを気を付けます」と決めてから、○カ月続けられていてとても立派です。

毎朝、マラソンや短距離走で速く走るために、自主的にランニングし、少しずつ走力を付けていきました。休み時間も外で走って遊ぶことで、自然と走力が付いていきました。

いつも正しい姿勢で教師の話をしっかりと聞いています。大事なことは素早く連絡帳にメモをして、授業の準備で必要な物を欠かすことなく用意することができました。

球技大会の練習では、リーダーとして休み時間にチームメイトを誘って、ボールの投げ方やボールを持ったときの動き方を優しく教えるなど、仲間が上達する助けとなりました。

毎日外でドッジボールをするなど、元気良く遊ぶ姿が見られました。さまざまな友達と関わることで、学級の多くの児童が外遊びに向かうなど、学級に良い影響を与えてくれました。

大きな目標としていた持久走大会に向けて毎朝練習に励む姿から、強い思いが伝わってきました。当日も最後まで力一杯走って目標を達成することができました。

病気やけがをしないよう健康に留意しながら生活できています。いつも清潔を心掛け、手洗い・うがいをしたり、歯磨きをしたりする習慣も身に付いています。給食もよく噛んで残さず食べています。

毎日、**早寝・早起き・朝ごはん**の取り組みを実行することで、健康を保つことができました。規則正しい生活によって、学期を通して元気良く過ごすことができました。

保健の学習「すくすく育てわたしの体」では、バランスの良い食事の内容を理解し、日常生活においても生かしていくことを目指して理想の食事計画を作成しました。

体力を付けることを目標にして、**給食**をしっかり食べました。苦手な食べ物も残さず食べられるようになり、○学期は病気になることなく、元気に登校することができました。

学期を通して明るく元気に過ごしました。**休み時間**になるとすぐに外に出て、多くの友達と**鬼ごっこ**や**ドッジボール**、**遊具**などで遊び、周囲にも活力を与えてくれました。

暑くて汗をかいた後、汗拭きタオルを使ったり、衣服を調節したりすることができました。自分の体温を管理することで、自らの体調管理に努めることができました。

休み時間になると校庭に飛び出し、**ドロケイ**や**鬼ごっこ**などをして友達と仲良く運動をしています。15分間走り回ってもまだまだ元気な姿からは、体力の向上を感じることができます。

休み時間になると、短縄を持って校庭に飛び出し、ジャンプ台の近くで練習している姿をよく見かけます。その結果、**なわとび検定**では○級を取ることができ、満足した表情を浮かべていました。

栄養教諭と行った食育の**授業後**、**給食**では苦手な食べ物でも自分の身体のために一口でも食べるようチャレンジしています。最近では、苦手だったキノコも残さず食べられるようになりました。

給食では、苦手な食べ物でも「自分の体をつくる大切な要素になっている」と自分に言い聞かせ、全部食べ切ることを目標に、時間いっぱいまで使って頑張って食べています。

（3）「自主・自律」を意識した行動ができる児童の所見文

主な行動特性

自分で考えて行動／目標や見通しをもって活動／周囲の状況をよく見て行動／時間を意識して行動／「5分前行動」ができる／苦手なことに挑戦／指示されずとも行動／黙々と練習／自ら課題を設定／何事にも前向き／目標に向かって努力

自ら考えて判断し、一人でも正しい行動ができる芯の強さに感心します。図工室で次に使う人のためにと、バラバラだった道具を**整頓**する姿など、○○さんの行動はクラスの手本となっています。

自分の生活を振り返り、より良く生活しようと心掛けていました。学期の最初に立てた目標を学期末まで意識し、達成しようと努力しながら生活することができたのは、大変素晴らしいことです。

活動に取り組むときには見通しをもって取り組むことができます。その場その場でやるべきことを考えながら活動を進めているので、安心して見ていることができます。

どんなときも周りをよく見て考えながら、行動することができます。そのため、自分がやりたいことや、やるべきことを見つけ、落ち着いて行動することができます。

いつも時間を意識して行動することができます。教室ではもちろん、宿泊学習でも**5分前行動**を意識し、遅れることがないようにと、常に時計を見ながら行動していました。

できないことがあると、目標をもってすすんで取り組み、最後まで粘り強くやり通すことができます。**なわとびの二重跳び**も当初はできませんでしたが、毎日練習してできるようになりました。

指示をされなくても、次にやらなければならないことを自主的に考え行動に移すことができています。そのため、常に行動を起こすのが早く、時間を守って行動することができています。

都道府県のテストに合格するという目標を立て、意欲的に**自主学習**に取り組みました。努力の結果、合格することができたことで友達も学習するようになり、クラスの良き手本となりました。

新聞係として、学級の友達が読んで楽しくなるような紙面を考えていました。○○さんの考えた、学級の友達に毎号**インタビュー**する企画は、今でも学級内で大好評です。

運動会のソーラン節では、**休み時間**に黙々と練習する姿が印象的でした。初めは○○さんと数名の友達だけでしたが、徐々に人数が増え、運動会直前には学級の全員が取り組んでいました。

総合的な学習の時間では自分で見つけた課題に対し、**休み時間**にインターネットで調べたり、休日に**インタビュー**をしに行ったりと、自主的に調べようとする姿が見られました。

与えられた課題を行うだけではなく、自ら課題を設定し、解決に向けて粘り強く努力することができます。ひたむきに努力を重ねる姿は、周囲に大きな影響を与えました。

給食後、床に牛乳がこぼれていた状況を見て、ためらわずにきれいにしていました。自分の考えをもち、主体的に行動し自律した生活を送ることができています。

他の友達の**配り係**や**給食**の配膳の手伝いを率先して行うことができました。教室内のごみ拾いや机の**整理整頓**など、環境整備も積極的に行い、感染症の予防に努めていました。

学校や家で何回も練習を繰り返してきた書き初めで、選手に選ばれたときの嬉しそうな表情が印象的です。練習の大切さに気付き、他の教科の学習にも今まで以上に主体的に取り組めています。

クラブ活動の発表を前に、**休み時間**に練習しようとリーダーシップをとってみんなに声を掛けていました。当日、高学年に交じって堂々としたダンスを披露し、笑顔で喜び合う姿が印象的でした。

クラスのためにすすんで仕事をすることができます。**図工**の版画の制作では、率先して片付けを手伝い、インクで汚れたローラーをきれいにしてくれました。次に使う人のことを考えて行動できます。

何事にも目標をもち、それに向けて頑張る姿が素晴らしいです。**運動会**では、競技や表現だけでなく、応援練習にも熱心に取り組み、クラスを引っ張ってくれました。

自主学習に毎日取り組み、自ら学ぶ姿勢が素晴らしいです。自主学習で欠かさず復習したことが、結果に表れていました。学習の定着の基本である「繰り返すこと」が習慣になっていて感心しました。

学習や運動にコツコツと努力を重ねる姿から、何事にも前向きに取り組もうという意欲が伝わってきました。努力は裏切らず必ず力となっていくことを実感している様子がうかがえます。

学習や行事に課題意識を高くもって取り組むことができました。目標を決めてその実現に努めたことで、自分の思いを行動に表すことの大切さを学びました。

どの**授業**においても、自分の意見をはっきりと発言することができました。友達と意見が違ったときも、自分の意見と友達の意見の良い所を見つけて折り合いをつけるなど柔軟性があります。

初めての**クラブ活動**で書記に立候補しました。会議の際は、みんなに分かりやすい字を書くことを目標とし、達成するために意識を高くもっていたことが伝わってきました。

苦手なことでも最後まで粘り強く行う姿勢が見られました。問題が難しくて理解できなかったとき、担任の所へ来て、分かるまで質問をする姿勢が立派でした。

教室移動の際、廊下を並んで静かに歩くなど、落ち着いた行動がとれていました。おしゃべりをしてしまう友達には、話をしないよう促すなど、模範的な行動が見られました。

「思いやり4年○組」という学級目標を意識し、友達に優しく声を掛けたり、助け合ったりと、思いやりのある行動が目立ちました。目標の実現を目指す姿が多く見られ、学級の手本となりました。

明るく、元気良く過ごす姿は、学級の良き手本となっています。自分の考えを相手にはっきりと伝え、相手と意見が違っていてもよく話を聞いて、仲間と協力して学級を高めていく姿に感心しました。

どの教科でも目標をしっかりと設定し、自分なりの考えをもつことができました。学校行事でも、自分が成長できるポイントを見つけ出し、自分自身をより良く高めることができました。

字を丁寧に書けるよう練習し、少しずつ字がきれいになってきました。目標に向かって自分で考えながら努力を積み重ねる力が育っています。継続は力なりです。

自主学習では、計画を立てて自分なりのテストをし、分析・練習の流れで毎回学んでいました。自分に必要な力を考えて学んでいるノートは、クラスの友達の手本になっています。

「私はこう思う」と自分の考えをはっきりと述べることができます。自分の考えをしっかりともち、実践していく確かな行動力には、いつも感心させられています。

明るく、しっかりとした人柄の○○さんは、自分からすすんで学級のまとめ役を引き受けるなど、常に意欲的です。学級の友達からも「実行力のある**リーダー**」として信頼されています。

1 「ポジティブな行動特性」に関わる文例
（4）「責任感」を伴った行動ができる児童の所見文

主な行動特性

係の仕事を欠かさずする／リーダーとしてグループをけん引／毎日欠かさず水やり／人目のない所でも黙々と仕事／自分の役割を果たす／何事も手を抜かない／最後までやり遂げる／クラス全体に声掛け／嫌な顔をせずに仕事

生き物係として、同じ係の友達と協力しながらヘチマの**水やり**を１日も欠かすことなくすることができました。ヘチマの成長とともに、○○さんの成長も見られた１学期でした。

メダカ当番の仕事を責任をもってやり遂げることができています。毎日の餌やりはもちろん、水槽の掃除の仕方や飼い方のコツを自主的にタブレット端末で調べるなど、意欲的に活動していました。

○○小まつりに向け、他学年の児童と協力して準備を進めることができました。低学年の意見も取り入れながら、当日もグループの仲間に前向きな言葉を掛け、場を盛り上げていました。

校外学習では、班のリーダーとして友達を巧みにまとめることができました。山中の**オリエンテーリング**では○○さんが先導し、一番早くミッションをクリアすることもできました。

係活動や**当番**の仕事をすすんで行う姿から、「どんなことにも手を抜かない」という気持ちが伝わってきました。当番の仕事を欠かさず行う姿はクラスの良き手本となっています。

一つ一つの仕事を確実かつ丁寧にやり遂げることができます。特に**掃除**の時間は、誰も見ていないところでも一人で黙々と清掃している姿が見受けられました。

掃除の時間に、手を抜かず一生懸命掃き掃除や床掃除を行う姿に、校長先生も感心していました。自分に与えられた役割はそつなく完璧にこなすという姿勢が、随所で見られます。

卒業式の在校生指揮者に選ばれました。6年生や選ばれなかった友達のために、毎日学校でも家でも努力する姿が見られました。自分の役割をしっかり果たそうとする姿に感心しました。

目立たないところでも手を抜かずに仕事をやり遂げます。**掃除**では、隅の方まで丁寧に掃いたり、汚れているところをすすんで拭いたりしてくれています。嫌な顔一つせず働く姿は立派です。

代表委員として学級のために行動し、次のことを考えて行動する姿が素晴らしかったです。学校のための仕事も行い、**6年生を送る会**や来年度の準備を計画的に進めることができました。

運動会では応援団に立候補し、毎日**休み時間**や放課後に上級生と一緒に大きな声で練習していました。学級でも中心となって、応援の振り付けをみんなに熱心に教えてくれました。

全校集会では、グループの**リーダー**として低学年がどのような遊びをしたいのか意見をよく聞いて、みんなが楽しめるように責任をもってゲームを進めることができました。

班長としてグループ活動を積極的にリードし、仲間と協力することができました。常にグループ全体のことを考えて行動するなど、**リーダー**として責任感あふれる姿が多く見られました。

代表委員に立候補し、クラスの代表として全体に声掛けをするなど自分の役割を果たすことができました。今後も自信をもって、何事にも挑戦していってほしいです。

音楽係として、**授業**で必要なものを必ず教科担当の先生に聞きに行き、**帰りの会**で伝えてくれました。責任をもって仕事をしてくれるので、クラスの友達の忘れ物が減りました。

並ばせ当番として、移動教室のときにクラスの先頭に立ち「並んで!」と声を掛け、みんなを引っ張ってくれました。責任をもって自分の役割を果たそうとする姿勢が光りました。

1 「ポジティブな行動特性」に関わる文例
（5）「創意工夫」を凝らした活動ができる 児童の所見文

主な行動特性

ノートづくりを工夫／アイデアが独創的／学級に新しい係を提案／発想が豊か／学級にアイデアを提案／掲示物を工夫／多様な方法を考案／考え方が柔軟

タブレット端末を使用して課題を追究し、新たな発見があると「なるほど！」と目を輝かせる姿が印象的です。ノートも自分なりのルールを決めて工夫を凝らしながらまとめることができています。

総合的な学習の時間で、タブレット端末を効果的に使うことができています。必要な情報を集めたり、友達と意見を共有したり、独創的なアイデアをどんどん試す姿が見られ感心しました。

クイズ係として、友達と意見を出し合いながら活動計画を考えることができました。端末のスライドを使ってクイズを作るなど工夫をして、皆を楽しませてくれました。

学級会では、皆が楽しめるような企画を提案して、クラスを盛り上げようとしていました。周囲の人が気付かなかったような新しいアイデアを提案できるところが○○さんの魅力です。

授業中に新たな発見があると「なるほど！」と目を輝かせる姿が印象的です。ノートも自分なりのルールを決めて工夫を凝らしながら書くことができています。

学級に新しい「○○係」を提案し、クラスがより楽しくなる活動をしてくれました。独創的でユーモアのあるアイデアの数々は、クラスの中でも評判になっています。

係活動では**掲示係**として、教室が華やかになるよう、季節に合った掲示物を作りました。飾りに加えて絵画のように素敵なポスターも作成し、学級の友達から注目を集めていました。

学級会では、周りに流されることなく、クラスのことを考えてより良い意見を発表することができました。自分で考えて行動することの大切さを認識できています。

「学級の友達みんなで遊べる遊びがしたい」と、学級活動の時間に提案をしました。みんなが楽しめるような遊びをたくさん思いつき、それを発表することができました。

学級レクリエーションで「こおりおに」を行う際、範囲の広さによりおにが交代できず、なかなか終わらないことに気付き、範囲を限定する提案をするなどして仲良く遊ぶことができました。

学級会のときはいつも積極的に挙手し、自分の考えを発表してくれます。柔軟な発想をもち、多様な方法を考えられます。おかげで方法は一つではないと、クラスのみんなも気付けるようになりました。

飾り係として、クラスのイベントのときには毎回飾りつけを行いました。クリスマスやハロウィンなど、季節に合わせた飾りをつける工夫で、会の雰囲気を盛り上げました。

係や当番の仕事では、クラス全員が楽しめる新聞をタブレット端末で作ったり、配膳を素早く行って楽しい給食時間になるように声掛けをしたりして、学級をより良くしようと活躍しました。

学習内容をノートに記入する際は、ただ板書を写すだけではなく、色えんぴつやマーク、枠線を使って、分かりやすくまとめました。自分なりに工夫したノートづくりで、着実に力を付けています。

クイズ係として週に1回、アプリを使ったクイズ大会を企画・運営しました。1人1台端末を上手に使い、工夫してクラスを盛り上げようとしてくれています。

算数の「広さを調べよう」の学習では、すでに習った長方形や正方形の面積を求める学習を活用して、長方形を組み合わせた図形の面積の求め方を幾つも考え、発表することができました。

（6）「思いやり・協力」の姿勢がある児童の所見文

**主な
行動特性**

誰に対しても優しい／どんな友達とも協力できる／困っている友達に声掛け／男女関係なく慕われている／相手の良さを認められる／クラス全体のことを考えて行動／友達に励ましの声／サービス精神が旺盛

誰に対しても優しく接し、助け合うことができるので、いつも○○さんの周囲にはたくさんの友達がいます。○○さんと一緒に過ごすと、みんな笑顔になります。

どんなときも、友達と協力しながら物事に取り組むことができます。初めての**クラブ活動**の場面でも、上級生と協力し、声を掛け合いながら活動に取り組むことができました。

遊びたいけれど自分から声を掛けられない子に気付き、自分から声を掛けて仲間に入れてあげることができました。一緒に遊ぶことで教室が明るくなるような雰囲気をつくってくれました。

友達に優しく、穏やかな人柄でみんなから信頼されています。友達が困っているときには率先して行動し、力になろうと努めていました。いつも○○さんの行動に感心しています。

誰に対しても優しく、穏やかな人柄に好感がもてます。誰かが困っていると相手の気持ちになって、すぐに声を掛けて助けていました。○○さんのおかげで学級に支え合う雰囲気が生まれました。

話し合い活動では、考えの違う友達の意見に耳を傾け、うなずきながら聞いていました。また、相手の考えを否定するのではなく、考えの良さを認めた上で自分の意見を伝えていました。

転んだ友達に「大丈夫？」と優しく声を掛け、保健室に付き添ってあげていました。誰に対しても優しく接することができ、男女関係なく、たくさんの友達から慕われています。

けがをした友達に声を掛け、荷物を代わりに持ってあげる姿を目にしました。また、廊下で困っている下級生に声を掛け、優しく教えてあげるなど、思いやりのある行動ができています。

クラス替えで初めて同じクラスになった人に、自分からすすんで声を掛け、すぐに打ち解けました。始まって数日で仲良く遊んだり活動したりすることができるなど、とても社交的です。

どんなときでも友達を思いやり、優しく接することができます。**クラブ活動**では、他の学年の友達と協力し、声を掛け合いながら活動に取り組むことができました。

誰に対しても分け隔てなく笑顔で親切に接し、仲良くすることができます。困っている子には、自らすすんで声を掛けるなど、友達からも厚い信頼を集めていました。

国語の新聞づくりでは、同じ班の友達がどんなことを書きたいのかを聞いて、それをうまくまとめていました。その結果、どの班よりも見やすく、分かりやすい新聞を完成させることができました。

男女分け隔てなく、誰とでも対等に接することができます。誰のためにも自分のことを後回しにして誠意を尽くそうとする姿に、級友からも厚い信頼が寄せられています。

学級会ではすすんで司会進行役を務め、書記などと協力しながらみんなの意見を上手にまとめてくれました。計画的に話し合い、クラス全体のことを考えながら行動することができています。

係のリーダーとして友達にも気を配り、思いやるような声掛けが見られました。クラスのために協力することや思いやりの心を持つことの大切さを自覚しています。

隣の友達が、教科書を忘れて困っていたときに、嫌な顔をせず快く見せてあげていました。普段から誰にでも優しい○○さんは、周りの友達からも厚い信頼を集めています。

友達のどんな意見でも、まずは目と耳と心を傾けて聞くという姿勢が身に付いています。良いと思った意見には率先して拍手を送ることができます。誰とでも協働できる資質・能力の持ち主です。

給食の時間、隣の席の友達がスープをこぼしてしまったとき、すぐに立ち上がって雑巾で拭いてくれて、周りの友達もあとに続きました。心温まる行動が、クラスにいつも良い影響を与えてくれています。

誰にでも優しく接し、穏やかに学校生活を送っています。クラスでの出来事を毎月自発的にまとめる姿からも「楽しい学校生活を送りたい」という気持ちが伝わってきます。

球技大会では、チームで声を掛け合って活動し、友達の頑張りにも目を向けることができました。苦手な子に優しく教える姿は、周りからも信頼を集めていました。

素直で誰にでも分け隔てなく接し、優しい心遣いで学級を温かい雰囲気にしてくれています。友達の良いところを素直に認めることもでき、みんなから信頼されています。

常に周りに目を配り、困っている友達がいると「大丈夫？」と声を掛ける姿が見られました。誰にでも優しく接する○○さんの周りには、いつも友達が集まっています。

図工の「つながれ、広がれ、だんボール」では、友達と協力して段ボールで大きなトンネルを作ることができました。仲間と協力したことで、完成したときも一緒に喜んでいました。

運動会の学年種目「台風の目」では、誰よりも大きな声で掛け声をかけていました。最後まで笑顔で友達を励まし、みんなのやる気を引っ張ってくれるなど、素晴らしいリーダーシップでした。

とてもサービス精神が旺盛で、面白いことを言って友達を笑わせ、クラスの雰囲気を和やかにしてくれました。友達からの信頼も厚く、お互いに助け合いながら生活できました。

欠席した友達へのお休みカードや手紙を忘れずに書いたり、**休み時間**に一人でいる友達を見かけると声を掛けたりしていました。友達を思いやる、温かい心の持ち主です。

足をけがしていて**掃除**ができない友達の代わりに、積極的に掃除を手伝っていました。友達を気遣う心が周囲にも広がっていき、教室に優しさの輪ができました。

泣いている友達を見つけたら、寄り添って声を掛けたり見守ったりと、相手の気持ちを考えた思いやりのある行動ができます。優しさあふれる姿が、学級に良い影響を与えてくれています。

休み時間になると友達を誘って外で元気に遊んでいました。教室に残っている友達にも積極的に声を掛け、みんなで仲良く遊べるよう思いやりをもって行動していました。

運動会では仲間と協力して、心を一つにしようとみんなに呼び掛けていました。友達一人一人の良さを伝えるなどして、厳しさと優しさを兼ね備えた**リーダー**として、学級をまとめてくれました。

「一致団結」という学級目標を達成するために、学習・生活のさまざまな場面で「みんなで協力しよう！」と声を掛けてくれました。自らが率先して、行動する姿は大変立派です。

自分の**当番**でなくても、**体育の授業**でけがをした友達に寄り添い、保健室まで連れて行ってあげる優しさがあります。○○さんの思いやりのある行動に心が温まりました。

腕のけがをして利き手が自由に使えなくなっている友達に、**教室移動**の際、「教科書持って行こうか」と優しく声を掛けていました。○○さんの思いやりのある行動に心が温まりました。

自分の仕事でなくても、友達が忙しそうならすすんで手伝ったり、声を掛けたりして、周りを気遣う優しい姿もたくさん見られました。思いやりの心が育ってきています。

（7）「生命尊重・自然愛護」の心がある 児童の所見文

主な行動特性 心を込めて植物を栽培／生き物係として活躍／毎日欠かさず水やり／動植物に興味関心がある／校庭の四季の変化に敏感

理科の「体のつくり」で自分たちの体のつくりに興味をもち、友達と一緒になって実際に自分たちの腕や脚を触りながら、曲がるところと曲がらないところを比較するなどしていました。

生き物係として身近にいる**生き物**を捕まえてきて、熱心に世話をして学級の友達と一緒になって**観察**をしています。気付いたことを周りの友達に楽しそうに教えるなど、好奇心が旺盛です。

生き物係として、教室の花の**水やり**や**生き物**の世話をしっかりと行ってくれています。タブレット端末を使って、カメの名前についてアンケートを取り、○○○と名付けて可愛がっています。

栽培係になって、学級で育てている草花やヘチマの**水やり**を忘れることなく行い、その成長の様子を学級のみんなに伝えていました。**動物**や草花にいっぱい愛情を注いでいる様子がうかがえます。

夏休みの**自由研究**で調べた地球温暖化問題をもとに、クラスでも節電をしようと呼び掛け、**学級会**で話し合ってルールを決め、分かりやすいポスターを作成しました。

校庭にいるアゲハ蝶を見て、「どこに幼虫がいるのだろう」と図鑑で調べていました。校庭で幼虫がいる木を見つけ、とてもうれしそうに**帰りの会**でみんなに報告をしていました。

掲示係として、「自然を大切に」をテーマに、素晴らしいポスターを完成させました。そのポスターづくりを通して自然を愛する心情が育っていると感じました。

（8）「勤労・奉仕」の精神がある児童の所見文

主な行動特性 常に手を抜かない／仕事が丁寧／献身的な態度／クラス全体を考えて行動／友達がやりたがらない仕事をする／最後までやり遂げる／根気強い／何事も真面目

配膳の難しい**給食当番**や**生き物**の世話などの**係**の仕事をいつも最後までやり遂げます。手を抜かず根気強く取り組む姿勢は、学級の友達からとても信頼されています。

教室の**掃除**では、ほうきを使って細かなところにも気を配りながらきれいにしてくれています。友達と協力して丁寧に掃除ができ、他の子どもたちの良い手本となっています。

教師が子どもたちの作品を掲示板に貼っていると、いつも手伝ってくれる献身的な態度が随所に見られます。自分のことだけでなく、周囲に貢献しようとする姿勢は本当に立派です。

授業で使った道具や**掃除**用具を、自分の物だけでなく他の友達の分まで自分から気が付いて片付けをするなど、労を惜しまずに仕事をします。そのため、周囲からとても信頼されています。

給食当番や**掃除当番**の大切さを認識していて、やり始めると最後までやり通す責任感と根気強さをもっています。何事にも真面目に取り組み、クラスに貢献しようとする姿勢が立派です。

配り物係の仕事を、強い責任感をもって一人になっても最後までやり通しています。このような○○さんを見習おうとする友達もいて、周りの子どもたちにとても良い影響を与えています。

教室の**掃除**では子どもたちがやりたがらない机と椅子を運ぶ仕事でも、自分からすすんで黙々とやってくれます。その姿が、周囲の友達にも良い影響を与えています。

学級の友達と協力して、学級の学習園で育てているホウセンカやヒマワリに**水やり**をしたり雑草を抜いたり、よく世話をしてくれました。時々、生育状況を学級のみんなに知らせてくれました。

困っている子を見ると、「どうしたの？」とよく声を掛け、手助けをしようとしてくれます。**理科**の学習では、**実験**道具の片付けが遅れている班の分まできれいに洗ってくれました。

体育係として、道具の準備や片付けを人一倍頑張りました。何事にも自分からすすんで取り組む姿勢はクラスのみんなからも認められ、頼りにされているのが分かります。

図工の時間にみんなが使ったローラーをすすんで片付けてくれました。人が躊躇することも積極的に取り組む○○さんは、クラスのみんなからとても慕われています。

授業の片付けの際には、いつも最後まで残ってお手伝いをしてくれます。「先生、何かお手伝いをすることはありますか」と常に声を掛けてくれて、とても助かっています。

自分以外の児童の机も何も言わず**整頓**する姿は、とても立派です。クラスの細かいところに目を配り、**掃除**の時間では隅々まできれいにすることができました。

日直の仕事を一つも忘れることなく、きっちり進めることができました。友達が忘れてしまった仕事があっても、「ぼくがやるよ」と力を惜しまずてきぱきと行う姿は本当に頼もしく思います。

係の仕事をとても積極的に行っています。「**飾り係**」としてきれいな掲示物を作ろうと、**休み時間**に友達と協力し合いながら、折り紙や画用紙で素敵な飾りを幾つも作っていました。

自分からすすんで考え、すぐ行動できることが○○さんの良さです。**朝の会**や帰りの会の効率的な進め方を考え、画用紙にまとめ、みんなに紹介することができました。

（9）「公正・公平」を意識した行動ができる 児童の所見文

主な行動特性　男女関係なく遊ぶ／ルールを守る／公平に物事を判断／素直に謝れる／正しい判断力がある／友達に注意／友達の意見に公平に耳を傾ける

休み時間は、男女関係なく**鬼**ごっこをして遊んでいます。クラスのいろんな友達に積極的に声を掛け、仲間に誘う○○さんは、クラスのみんなから慕われています。

校外学習では、見学先の方に元気良く**あいさつ**し、立派な態度で活動することができました。お礼の言葉も堂々と言うことができるなど、いろいろな場面で４年生としての成長を感じました。

お楽しみ会の話し合いでは、みんなの意見が分かれた際に、両方の意見をしっかりと聞き、良い解決策を考えることができました。その行動はクラスのみんなからとても称賛されていました。

いつも公平に物事を判断し、一部の人たちに有利になるような偏った発言や行動をすることがありません。自分の過ちを正直に認めて謝ることもでき、学級のみんなから信頼されています。

誰とでも公平に、**言葉遣い**も丁寧に接して、生活班でも仲良く活動できています。良くないこと、正しくないことは断ったり注意したりすることができるなど、正しい判断力をもっています。

体育の**授業**で**ラインサッカー**の審判をやったとき、どちらのチームにも公平な態度で接するとともに、正しく判定をしていました。その姿勢が学級のみんなからも大きな信頼を得ています。

学校や学級のルールをよく守り、善悪を考えた行動ができています。グループ内での**給食**の片付けや**掃除**などの役割を一人一人に公平に分担して、助け合って生活しています。

(10)「公共心・公徳心」を大切にしている児童の所見文

主な行動特性 周囲に声掛け／乱れた掃除用具をすすんで整理／クラスに貢献しようとする／マナーを守って校外学習／教室環境を整える／クラスで決めたルールを守る

授業が始まる2分前になると「席に座りましょう」と周囲に声を掛けてくれます。決まりを守って生活しようとする態度はとても立派です。今後も続けましょう。

校外学習では、見学先の方に元気にあいさつし、立派な態度で活動することができました。お礼の言葉も堂々と言うことができ、他の先生方からも褒められていました。

掃除終了の時、掃除用具が乱雑になっていると、「みんなが使う掃除用具だから、次に使うとき困るよ」と言って、すぐに整理してくれます。学級全体のことを考えて、行動することができます。

図工室の掃除当番の仕事に熱心に取り組んでいます。「図工室はみんなが利用するところだから」と言ってみんなのために働くなど、クラスに貢献しようとする態度が育っています。

社会科の校外学習で消防署や清掃センターを見学した際、友達と協力して署員や職員の方々にしっかりとあいさつをし、業務の迷惑にならないよう気を配りながら見学することができました。

移動教室の際には必ず最後に教室をチェックし、机の上の掃除や椅子の整頓をしてくれます。後から使う人の気持ちを考えたその行動に、とても感心しています。

普段から落ち着いて行動し、迷惑をかけないように振る舞う姿はとても立派です。社会科見学では、グループ活動の際に、決まりを守って友達と楽しく見学することができました。

（1）「基本的な生活習慣」が身に付いていない 児童の所見文

チャイムの合図で**外遊び**を終わりにして席に着けるようになってきました。学習課題に集中して、教師の話や友達の意見をよく聞き、自分からすすんで発言ができるようになってきています。

生活目標についての話で、**あいさつや返事**についての話を聞きました。それをきっかけに、相手に届くあいさつや返事をしようと意識して過ごしていました。

学習に必要なものがそろわないことがあり、困っている姿がよく見られました。持ち物を**整理整頓**することを少しずつできるように、今後もサポートしていきたいと思います。

職員室に入るとき、当初は**あいさつ**がなかなか言えなかったのですが、今では、自分の名前と用件をはっきりとした声で、しっかりとした態度で言えるようになってきました。

物の管理に苦手意識をもっていましたが、片付け方や置き場所を助言したことがきっかけで、徐々に改善が見られるようになってきました。これからも継続していけるよう声を掛けていきます。

チャイムが鳴っても**着席**できないことが時々ありましたが、今では**外遊び**をしていても時計を見て友達に声掛けをするなど、チャイムが鳴る前に行動できるようになってきました。

忘れ物に気を付けて過ごそうとすることができました。話をよく聞き、毎日の持ち物についてメモをとる習慣が身に付くと、さらに充実した学校生活を送れることでしょう。

当初は身の回りの荷物の**整理整頓**に苦手意識がありましたが、今では机の中やロッカーをできる範囲で**整理**することができています。**宿題**などを忘れずに出せるようにもなってきました。

時間を意識することでより良い生活ができるようになりました。次の時間の準備をすることや、時計をよく見て行動するように声を掛けたところ、行動が変わってきました。

あいさつがしっかりできるように、毎日声を掛けています。その結果、少しずつですがあいさつを行う大切さを感じてくれたようです。引き続き、声を掛けていこうと思います。

より良いあいさつや返事について話をしたことがありました。それをきっかけに、相手に届くあいさつをしようと意識して生活することができるようになりました。

2 「ネガティブな行動特性」に関わる文例
（2）「健康・体力の向上」において課題がある児童の所見文

休み時間は教室で過ごすことが多くありましたが、**なわとび大会**をきっかけに、外に出て友達と**なわとび**をするようになりました。これからも**外遊び**を楽しめるよう声を掛けていきます。

苦手な**鉄棒**運動の逆上がりと膝掛け上がりをできるようになろうと、**休み時間**に一生懸命に練習していました。継続して練習した甲斐あって、逆上がりも膝掛け上がりもできるようになりました。

外遊びから帰ってきたとき、以前は**手洗い・うがい**を忘れることがありましたが、今では外から帰ると必ず手洗い・うがい、汗ふきを励行することができるようになりました。

外遊びがあまり好きではないようでしたが、学級レクをきっかけに、少しずつ外遊びに参加するようになってきました。これを機会に外遊びに積極的に参加するようになることを期待しています。

鉄棒運動に対して少し恐怖感があるようでしたが、**休み時間**に逆上がりと膝掛け上がりを一生懸命に練習してできるようになりました。継続して努力を重ねた成果です。

休み時間は教室で友達と話をして過ごすことが多かったですが、最近は**外遊び**を楽しむ姿が見られるようになってきました。外で元気良く遊ぶことの楽しさに気付いてきたようです。

運動について「あまり得意ではない」と相談を受けました。一緒に取り組むことで、徐々に意識が変わりつつあります。引き続きサポートを重ねていきます。

運動会の練習では、ダンスを踊ることを恥ずかしがっていましたが、友達の励ましを受けて少しずつ取り組めるようになりました。今後も何事にも意欲的に取り組めるように声を掛けていきます。

以前はハンカチやティッシュを持っていないことがありましたが、今では毎朝自分で用意できるようになりました。トイレに行ったときや**給食**のときには、手を洗った後にハンカチで拭いています。

持久走大会に向けて、自分なりに努力しようと頑張ることができました。日々の生活において運動する習慣が身に付くと、さらなる飛躍ができると思います。

毎日、**休み時間**は汗をたくさんかきながら遊んでいます。安全に気を付けてけがのないように過ごすことができると、もっと学校生活が楽しくなると思います。

2 「ネガティブな行動特性」に関わる文例
（3）「自主・自律」を意識した行動ができない児童の所見文

自分からすすんで**係活動**に取り組むことには不慣れですが、係の友達と相談し、自分の役割が決まると、その担当分についてはしっかりと役割を果たすことができました。

休み時間は遊びに夢中になるあまり、周りの友達の声掛けもなかなか聞こえず、遅れてしまうことの多かった○○さんですが、自分から切り替えられることが少しづつ増えてきました。

周りの友達に合わせて行動することの多かった○○さんですが、**道徳科**での学習では、友達が悪いことをしようとしていたら止めるのが、本当の友達だということに気付き、それを発表しました。

学期の初めは友達に頼ってしまうことが多く、自分で解決しようとする意欲が感じられませんでしたが、人から頼られることに喜びを感じてからは、自らすすんで取り組めるようになりました。

当初は忘れ物が目立ち、**授業に必要な学習道具**がそろわないこともありましたが、次第にそうしたことの重要性が自覚できるようになりました。学期の後半は、忘れ物がほとんどありませんでした。

2 「ネガティブな行動特性」に関わる文例
（4）「責任感」を伴った行動ができない児童の所見文

給食当番に消極的で仕事が滞ることもありましたが、担任と一緒に仕事を続けていくうちにクラスのみんなのために働くことの意義を感じ、積極的に取り組めるようになってきました。

当番の仕事を時折忘れてしまうことがありますが、**電車クイズ係**としての仕事には忘れずに取り組んでいます。次学期は、当番の仕事も同じくらい頑張ってほしいと思います。

班の中の**掃除リーダー**になったときは、掃除中に遊んでしまうこともありましたが、同じ班の友達の支えもあり、徐々に真面目に**掃除**できるようになりました。

学級の友達から推薦されて、応援団として頑張りました。戸惑うことも多く、練習に参加せず帰ってしまうこともありましたが、みんなから応援され、**運動会当日**は立派な応援を見せてくれました。

学級での**係活動**では、自分が担当する活動を忘れてしまうことがありましたが、少しずつ学級の友達のためという自覚が芽生え、今では責任をもって取り組むことができるようになりました。

（5）「創意工夫」を凝らした活動ができない児童の所見文

自分の考えをもつのが苦手でしたが、友達の意見を取り入れることで自分の考えをもつことができるようになってきました。**係活動**では、○○さんの考えが採用されて自信を付けました。

タブレット端末で発表する際に、友達の表現の工夫を見てから変化が見られました。友達に熱心に聞きながら、写真やイラストを入れ、独創的で分かりやすい発表ができ感心しました。

2分の1成人式のリハーサルの際、友達の表現の工夫を見てから変化が見られました。野球のユニフォームや道具を持ってきて、自分の夢や家族への感謝の気持ちをより強く伝えることができました。

「人と違ってもいいんだよ」と励ましてから、何事にも自信をもって取り組めるようになりました。**係活動**のネーミングや掲示物も、こだわりとユーモアをもって考えることができました。

仕事をお願いすると、嫌な顔一つせずに最後まで熱心に取り組めます。その仕事ぶりは学級の友達も認めるもので、自信をもって行動することで、さらなるレベルアップが期待されます。

（6）「思いやり・協力」の姿勢がない児童の所見文

皆が嫌がることでも決められた仕事はきちんとこなすなど、責任感があります。一人で全てをやろうとせずに協働するように心掛けると、より充実した学校生活を送ることができるでしょう。

運動会の学年種目の**リーダー**になり、大きく成長しました。苦手な子にも積極的にアドバイスを送り、温かく励まし、チームのみんなが力を出し切れるよう、先頭に立って頑張る姿が素敵でした。

相手の気持ちを考える習慣が少しずつ身に付いてきました。学級で課題となるような出来事が起きたときに、友達のことをすぐに決めつけるのではなく、相手の言葉を待つ姿勢が育っています。

クラブ見学の際、「今日は見学に来た3年生を優先するんだ！」と張り切っていました。自分よりも下級生のことを優先して教えている姿に、上級生らしい頼もしさを感じました。

話し合いの際にも、自分の意見をすすんで発表することができます。人の意見を聞くようアドバイスしてから、少しずつ友達の考えの良さに気付き、共感することができるようになってきました。

2 「ネガティブな行動特性」に関わる文例
（7）「生命尊重・自然愛護」の心がない児童の所見文

理科では、季節の**植物**や**生き物**を見つけ、端末のスライドを使ってグループでまとめました。身近な生き物に興味を示すようになり、見つけた生き物をうれしそうに教えてくれました。

生き物係の仕事を忘れることが多く、学期の当初は心配しましたが、金魚の世話を与えられたことをきっかけに、餌やりなどを毎日忘れることなく行うようになりました。

係活動では、**生き物係**になりました。教室の金魚の世話をする中で、さまざまな生き物に興味をもつようになり、図鑑で特徴を調べてみんなに紹介することができました。

季節の**植物**や**生き物**を探す活動を通して、身近な生き物に興味を示すようになりました。**休み時間**にも生き物を探して、教室で飼育して世話をすることができました。

2分の1成人式では当初、家族に支えられて生きていることを実感できませんでしたが、生まれて間もない弱々しい自分の写真を見て、成長した自分を支えてくれた家族に感謝することができました。

2 「ネガティブな行動特性」に関わる文例
（8）「勤労・奉仕」の精神がない児童の所見文

当番の仕事などやるべきことをやるだけでなく、皆のために働くことの大切さに気付き、声を掛けなくても当番の仕事を行うことができるようになりました。皆のために働く機会が増えています。

掃除場所の確認や当番の際に声を掛けたことで、やるべきことができるようになっています。「きれいになると気持ちいいね」と掃除をする意義を感じていました。

毎日の当番活動を忘れることなく行うことができるようになりました。当番の活動だけでなく、配り物などみんなのためにすすんで働く機会も増え、成長を感じています。

学期当初は人のために働くことを喜べない部分がありましたが、次第に高い意識を持って取り組めるようになり、係や当番の仕事ぶりは仲間からも高く評価されていました。

掃除では当初、時間を守れないこともありましたが、先日は誰よりも早く掃除場所へ行き、グループの仲間に声を掛けるなど、積極的に働く姿が見られました。

2 「ネガティブな行動特性」に関わる文例
（9）「公正・公平」を意識した行動ができない児童の所見文

休み時間、タイピングゲームに夢中になってしまい、授業が始まってもやってしまうことがありました。ルールを守り、しっかりと切り替えができるように声を掛け、支援しています。

学級会で、最初は誰が言った意見なのかによって賛成や反対を決めてしまう様子が見られましたが、個別に声を掛けたところ、全員の意見を公平に判断することができるようになってきました。

クラス替え直後は、これまで同じクラスだった友達と一緒にいることが多かったのですが、今のクラスにも少しずつ溶け込み、**休み時間**にも新しい友達と仲良く過ごせるようになりました。

運動会の練習で最初は「勝てば良い」という考えを中心に行動していましたが、クラスで協力して取り組んでいく中で、公正・公平に戦うことの大切さ、清々しさを理解できました。

友達がいけないことをしていると一緒にしてしまうことがありました。「本当の友達」の意味を考えさせたところ、良くない行動を自制し、友達を促すように声も掛けてくれるようになりました。

2 「ネガティブな行動特性」に関わる文例
(10)「公共心・公徳心」を大切にしていない児童の所見文

きまりを守ることで、みんなが気持ち良く生活できることに気付きました。そのため、友達とのけんかやトラブルも減り、仲良く過ごすことができるようになってきました。

当番の活動では、最初は忘れずに取り組むことが難しかった時期もありましたが、少しずつ慣れてきて、忘れずに取り組むことができました。それが他の約束を守れるきっかけにもなりました。

掃除の時間中、自分の担当場所の掃除ができないことがありましたが、教室環境が悪いと体にも良くないことを知り、少しずつ掃除に参加できるようになってきました。

配り当番を担当していた際、なかなか自分からすすんで活動できなかったものの、誰も配布しないとみんなが困ることに気付き、頼まれる前に配ることができていました。

休み時間など教師の目の行き届かないところで羽目を外してしまうことがあります。いつでも決まりを守り、みんなのことを考えて生活できるよう声を掛けていきます。

（1）国語に関わる所見文

◆「知識・技能」に関わる文例

> **特性キーワード** 漢字の部首の種類と働きを理解／辞典の使い方を理解／修飾・被修飾の関係を理解／慣用句や故事成語の成り立ち・意味を理解／接続語を正しく使える

教材「漢字の部首」では、「へん」「つくり」「あし」「かんむり」など漢字の**部首**の働きと種類を知り、漢字を覚えたり使ったりするときに役立てることができました。

教材「３年生で学んだ**漢字**」では、３年生までに習った漢字を正しく読んだり書くことができ、絵を見て想像したことをもとに漢字を正しく使い、文を書くことができました。

説明文「花を見つける手がかり」（読む）では、**段落**の役割をよく理解して読むことによって、筆者の考えを支える理由や事例をもとにして全体の情報と中心の情報の関係を捉えることができました。

教材「漢字辞典の引き方」では、漢字**辞典**の「部首さくいん」「音訓さくいん」「総画さくいん」の使い方を理解し、**漢字**の**部首**や画数から漢字を正しく調べることができました。

教材「**短歌の世界**」では、易しい文語調の短歌について、情景を思い浮かべたり、リズムを感じ取りながら、文語の響きに興味を持って**音読**や**暗唱**をすることができました。

教材「月のつく言葉」では、旧暦では「月」に対してさまざまな呼称があったことを知るとともに、国語**辞典**を利用して「月」に関する言葉を集めることができました。

教材「**漢字の音を表す部分**」では、形声文字における**部首**と音を表す部分の関係について知り、**熟語**を適切に読んだり、漢字**辞典**を上手に使ったりすることができました。

教材「修飾語」では、修飾している語と修飾されている語（被修飾語）との関係など、文の構成についての初歩的な理解をしています。文中の修飾語を見つけ、その働きを説明することもできます。

教材「いろいろな意味を表す漢字」では、「手」「本」「親」「原」などが複数の意味をもつ場合があることを理解し、「長」「家」「札」の意味を漢字辞典を活用して調べることができました。

教材「故事成語」では、昔から使われてきたことわざや慣用句、故事成語の成り立ちや意味などを調べ、理解することができました。また、タブレット端末を用いて友達に紹介することができます。

書写「点画を正しく書こう」「文字の形を整えて書こう」では、毛筆での点画や結びの筆使いを理解し、字形を整えて正しく書くことができます。また、それを硬筆でも生かすことができました。

書写「文字の形を整えて書こう」では、毛筆で文字の形や大きさ、組み立て方などについて気を付けて書くことができました。また、毛筆で学習したことを硬筆でも生かすことができました。

丁寧に読むことを繰り返すことによって、物語「ごんぎつね」には、会話文ではなく、言葉には考えたことや思ったことを表す言葉（心内語）があることを理解できました。

教材「二つのことがらをつなぐ」では、多くの文章を読むことで、二つの事柄の文をつなぐとき、使う接続語によって内容が大きく変わることを理解し、接続語を正しく使い分けることができました。

教材「ショートショートを書こう」では、物語を書くことは難しいと考えていましたが、登場人物、あらすじをはっきりとさせ、段落のはじめや会話文は行を改めて書くこができるようになりました。

いくつかの熟語の簡単な仕組みを知り、熟語の漢字それぞれの意味を考えることによって、多くの漢字の中から二つの漢字を組み合わせてできる漢字のつながり方を理解できるようになりました。

教材「調べてわかったことを発表しよう」では、**ポスターセッション**の仕方を初めて知り、調べたことについて写真やグラフなどの資料をもとに筋道を立てて説明することができました。

教材「同じ読み方の漢字の使い分け」で、**同訓異字**や**同音異義**の使い分けについて理解し、同じ音なのにもかかわらず意味の違う漢字を正しく使い分けることができます。

◆ 「思考・判断・表現」に関わる文例

特性キーワード　表現を工夫して音読／事実と意見を区別して読める／読み手を意識して書ける／筋道を立てて話せる／分かりやすくプレゼン

物語「白いぼうし」（読む、書く）で、松井さんの行動や気持ちを**会話文**や地の文などの表現の工夫に気を付けて読みました。松井さんになって「この日」の出来事を日記に書くこともできました。

説明文「花を見つける手がかり」（読む、書く）で、実験の筋道をたどりながら、事実と意見の関係を捉えて読み、明らかになった事実と四つの花に集まる理由について書くことができました。

教材「リーフレットで知らせよう」（書く）では、読み手を意識し、書く内容の中心を明確にするための文章構成を考えて、自分の考えを支える理由や事例の関係を明確にして書くことができました。

教材「写真をもとに話そう」（話す・聞く）では、数枚の写真の中から1枚を選び、伝えたいことをはっきりとさせて、理由や事例などを挙げながら筋道を立てて話すことができました。

物語「ぞろぞろ（落語）」（読む）では、場面の様子や登場人物の性格を想像しながら、聞き手に様子がよく伝わるように**音読**したり、落語を演じたりすることができました。

教材「新スポーツを考えよう」（話す・聞く）では、話の中心にに気を付けて聞き、友達の考えとの共通点や相違点を考えながら、司会の進行に沿って話し合いをすることができました。

教材「新聞を作ろう」（書く）で、関心のあることから書くことを決め、必要な事柄を集め、書こうとすることの中心を明確にするために**段落の構成**を考えて書き、適切な割り付けもできました。

物語「一つの花」（読む、書く）では、登場人物の思いを想像しながら、戦争が激しかった頃の場面と戦争が終わり平和になった場面を比べて読み、心に残ったことを**感想文**に書くことができました。

説明文「ウミガメの命をつなぐ」（読む、書く）では、中心となる語や文をとらえて段落相互の関係や事実と意見を考えながら読み、興味をもったことを**紹介文**に書くことができました。

教材「ショートショート」（書く）で、関心のあることなどから書くことを決めて、**物語**のあらすじを絵や文章から考えて、段落相互の関係などに注意して書くことができました。

教材「調べてわかったことを発表しよう」（話す・聞く）では、**ポスターセッション**で、理由や事例を挙げて分かりやすく、また、聞き手に話の中心が伝わるように話すことができました。

物語「木竜うるし（人形げき）」（読む、書く）では、登場人物の考え方の違いや、その移り変わりを考えながら読み、脚本をもとに気に入った場面のト書きを書き換えることができました。

物語を書く学習に不安を抱いていましたが、「白いぼうし」の学習で、登場人物の行動や気持ちの変化を地の文や**会話文**で読み取ることを通して、想像したことをもとに物語を書くことができました。

筋道を立てて話をすることができるようになりたいという思いをもって、「写真をもとに話そう」での学習では、理由や事例などを挙げることで、自分の伝えたいことを話すことができました。

学級新聞を作る作業に戸惑いがありましたが、「新聞を作ろう」の学習を通して、書こうとすることの中心を明確にして、割り付けを工夫して分かりやすい記事を書くことができました。

自分の経験をもとに考えをまとめる学習に不慣れでしたが、**説明文「便利ということ」**（読む）を読み、本文中の言葉や文を引用しながら、経験したことを例に挙げて便利について書いていました。

ポスターセッションの経験がなく、その進め方が分かりませんでしたが、発表や情報収集の仕方を知り、ポスターを使って理由や事例を挙げて資料をもとに分かりやすく話すことができました。

関心のあることをもとに書くことを決め、よく分からなかった書き方を知り、教材「自分の成長を振り返って」で、中心となる場面、**段落**、様子や気持ちの表現に気を付けて書くことができました。

◆「主体的に学習に取り組む態度」に関わる文例

特性キーワード 興味関心をもって学習／授業で積極的に発言／より良い表現方法を模索／主人公に感情移入しながら音読／楽しみながら音読

物語「白いぼうし」で、「なぜ、松井さんは夏みかんをぼうしの下に置いたのだろうか」などの疑問をもちながら文章を丁寧に読み、松井さんの気持ちを想像していました。

文語調の**短歌**について、情景を思い浮かべたり、言葉のリズムを感じ取ったりしながら**音読**していました。また、気に入った短歌については、感想を書いたり、**暗唱**したりしていました。

落語「ぞろぞろ」の会話や行動のおもしろさを感じ取りながら、登場人物の性格や気持ちの変化、情景などを叙述をもとに読んでいました。また、気に入ったところを上手に**音読**していました。

教材「新スポーツを考えよう」（話す・聞く）では、学級の話し合いがもっと上手になりたいという意見を発表してくれました。また、積極的に司会を務めたり、発言をしたりすることもできました。

戦争の時代から平和な時代への場面の変化、「一つだけのお花」と「コスモスのトンネル」という言葉について比較をして考え、登場人物の思いや願い、気持ちを想像することができました。

「『不思議ずかん』を作ろう」の学習では、関心のある**植物**や**動物**などから書くことを決めて、見通しを持った進め方で、取材をしたり、組み立て表を作ったりして図鑑の原稿を書くことができました。

物語「ごんぎつね」では、場面の展開のおもしろさ、情景描写や心内語などの表現の巧みさに魅了されていました。その後、新美南吉の他の作品を選んで読んでいました。

詩「おおきな木」「とびばこ だんだん」を繰り返し読み、詩にはさまざまな形があることに興味をもち、友達と抑揚や調子を工夫したり、**方言**のリズムを楽しんだりして**音読**し合っていました。

熟語の構成にはいくつかの規則があることに興味関心を持つことができました。同じ規則の組み合わせでできた熟語を集めてノートにまとめたり、集めた熟語で短文づくりをしたりしていました。

自分自身の日頃の生活体験と結び付けて、教材「便利ということ」を読み、感想をもつことができました。加えて、「便利」について考えたことを、本文中の文を引用して書くことができました。

学級で「ごんぎつね」を紹介するための**ポスターセッション**を行ったところ、とても意欲的でした。今までの読みの学習を活かして、筋道立てて説明することができました。

日頃から考えていることや関心のあることを友達に分かってもらいたくて、それらを支える理由や事例を挙げて、より分かりやすい表現を用いて書くことに意欲的に取り組むことができました。

グループで友達と協力して**学級新聞**を作るために、作り方の手順をよく理解し、分担した記事を意欲的に書いていました。また、タブレット端末を活用して写真の割り付けを上手に行っていました。

説明文を要約する方法を確認しながら、中心となる語や文を捉え、**段落**相互の関係や事実と意見との関係を考えながら、説明文「ウミガメの命をつなぐ」の要約文を書くことができました。

教科書を繰り返し読んで**物語**を書く活動の流れを知り、見通しをもって学習することができました。いくつかの出来事、何人かの登場人物を絞り込んで、物語の舞台を決めて物語を書いていました。

紹介したい本は見つかっても、どう紹介してよいのか分からなかったようですが、話の中心となるところの文章やあらすじを紹介するためのメモを作成して、友達と発表し合っていました。

音読劇をすることに不慣れでしたが、「木竜うるし」を読んで、権八と藤六の性格の違いと考えの移り変わりをしっかりと捉え、台詞に気持ちを表していこうとしていました。

3 「学習面の特性」に関わる文例
（2）**社会に関わる**所見文

◆ 「知識・技能」に関わる文例

特性キーワード 地図から情報を読み取れる／身近な仕事とその役割を理解／地域の伝統的な産業を理解／都道府県の位置や名前を理解

「県の広がり」の学習では、○○県の位置や県全体の地形や主な産業の分布、交通網や主な都市の位置について必要な情報を**地図**から読み取り、県の特色について理解することができました。

「水はどこから」の学習では、水道水の流れを調べる活動を通して、**水道局**で働く人たちは、いつでも安心して飲める水道水を作り、届てくれていることを理解することができました。

「ごみのしょりと利用」の学習では、**ごみ処理場**で働く人たちは処理の仕方を工夫したり、リサイクルできるようにしたりして、私たちの暮らしを支えていることを理解することができました。

「自然災害からくらしを守る」の学習では、地域の関係機関や人々は自然災害に対し、さまざまな協力をすることで対処や備えをしていることを理解することができました。

「残したいもの　伝えたいもの」の学習では、県内の文化財や年中行事には、地域の発展など人々のさまざまな願いが込められていることを理解することができました。

「先人の働き」の学習では、（地域の偉人名）はさまざまな苦労や努力をしながらも、当時の人々の生活をより良くするために、献身的に取り組んでいたことを理解していました。

「特色ある地いきと人々のくらし」の学習では、人々が協力し、さまざまな活動を行うことで、地域の伝統的な産業をまちづくりに生かしていることを理解することができました。

「特色ある地いきと人々のくらし」の学習では、人々が協力し、国際交流に取り組むことで、特色あるまちづくりを進めていることを理解することができました。

「県の広がり」の学習では、多様な種類の**地図**を関連付けて見ていくことが難しかったようですが、一枚一枚の地図から読み取れることを整理してあげることで、理解することができました。

「水はどこから」の学習では、**水道局**で働く人たちの工夫を一生懸命に考えていました。分からない点については、友達と確認をしながら、自分の考えをまとめていました。

「ごみの処理と利用」の学習では、副読本だけでは理解することが難しかったごみ処理の流れについて、実際に施設を見学することで理解を深めることができました。

都道府県テストに向けて、県名と位置を覚えようと何度も地図を見ながら調べていました。○○地方の県名や位置については、しっかりと理解することができました。

◆ 「思考・判断・表現」に関わる文例

特性キーワード 調べたことをもとに検討／仕事と自分の暮らしのつながりについて考える／市の特色についてまとめる／友達と話し合いながら活動

「県の広がり」の学習では、○○県の位置や県全体の地形や主な産業の分布、交通網や主な都市の位置について調べたことをもとに、県の特色について考えることができました。

「水はどこから」の学習では、昔から現代に至るまでに、人々はどのように水を手に入れてきたのかを考え調べることで、現代の水道水の安全性に気付くことができました。

「ごみのしょりと利用」の学習では、**ごみ処理場**で働く人たちの工夫や努力について調べ、ごみ処理場で働くの人たちの仕事と私たちの暮らしのつながりについて考えることができました。

「自然災害からくらしを守る」の学習では、「なぜ、多くの立場の人々が活動しているのか」という問いについて考えることで、人々が協力して活動することの意義に気付くことができました。

「のこしたいもの　伝えたいもの」の学習では、○○祭りが続いてきた理由を考えることで、○○祭りには地域の人々の願いや思いが込められていることに気付くことができました。

「先人の働き」の学習では、当時の人々の願いや思いを考えたり、（地域の偉人名）の苦労や努力によって、地域の人々の暮らしがどのように変わったのかを考えることができました。

「特色ある地いきと人々のくらし」の学習では、○○市と自分たちの住む地域を比べることで、○○市の特色について考え、まとめることができました。

学習問題に対する予想を考える活動では、なかなか予想が出てきませんでしたが、生活経験や学習経験をもとにして考えることで、少しずつ考えを広げることができるようになってきました。

学習してきたことをただまとめるだけではなく、その意味についても考え、まとめるように指導をしたところ、人々の工夫や努力を○○県の人々の生活と関連付けて考えることができました。

学習して分かったことを結び付けて考えることに課題を感じていましたが、友達と話し合い、多様な考えに触れることで、自分の考えをまとめることができるようになってきました。

学習して分かったことをまとめる際には、私たちの生活と結び付けて考えるよう助言しました。その結果、調べたことのもつ意味や働きまで考えられるようになってきました。

学習のまとめを書く場面では手が止まってしまい、困っていることが多くありました。何が大切だったかを問い掛け、一緒に考えることで、自分の考えをまとめることができるようになりました。

◆「主体的に学習に取り組む態度」に関わる文例

特性キーワード 意欲的に調査／話し合い活動で積極的に発言／社会の出来事に興味関心／地域の偉人の功績に感動

「県の広がり」の学習では、**地図**から○○県の位置や地形や産業の様子、交通の広がりなど意欲的に調べました。県の特色について話し合う活動では、積極的に発言していました。

「水はどこから」の学習では、蛇口から出てくる水はどのようにしてつくられているのかを予想しました。予想を調べるために学習計画を立て、意欲的に調べていました。

「ごみの処理と利用」の学習では、ごみを減らしていくために自分たちが協力できることを考えました。ごみを減らすためには、３Ｒの取り組みが大切だと考えていました。

「自然災害からくらしを守る」の学習では、自然災害から人々を守る活動について意欲的に調べ、自分たちができることについて考えたことを積極的に発言していました。

「のこしたいもの伝えたいもの」の学習では、昔から大切にされてきたものをどのように残していったらよいか、自分たちにできることはないかと一生懸命考えていました。

「先人の働き」の学習では、（地域の偉人名）が人々の願いをかなえるためにどのようなことをしたのか、意欲的に調べていました。（地域の偉人名）の業績に感動し、驚いていました。

「特色ある地いきと人々のくらし」の学習では、地域の特色を守るために取り組んでいる人たちやその取り組みを予想し、学習計画を立てて調べることができました。

「特色ある地いきと人々のくらし」の学習の○○市の特色について話し合う活動では、調べたことを積極的に発言していました。○○市のように特色のある市があることを誇りに感じていました。

社会科が苦手だと感じていたようですが、**都道府県**テストに粘り強く取り組み目標が達成できたことで、自信をもって学習に取り組めるようになってきました。

地図や統計資料を目にするたびに、社会科が苦手だと感じていたようですが、学習を深めていくことで、少しずつ社会の出来事に関心をもつことができるようになってきました。

社会科の学習に興味関心をもって取り組めるようになってきました。県内で働く人たちの取り組みが、私たちの生活と深い関わりをもっていることを理解できるようになったことがきっかけのようです。

今まで関心のなかった社会の出来事に対して、疑問をもちながらみんなで調べていくことで、その不思議さや深さに気付き、関心を高めることができました。

３年生と比べて学習の範囲が広くなったことで、当初は関心が薄れていたようです。しかし、学習したことと自分たちのつながりに気付いたことで、社会科への学習意欲が高まってきました。

3 「学習面の特性」に関わる文例
（3）**算数に関わる**所見文

◆ 「知識・技能」に関わる文例

特性
キーワード
大きい数の読み書きができる／グラフを適切に読み取れる／計算が正確／平行・垂直の関係性を理解／さまざまな立体の特性を理解

1億より**大きい数**を考える学習では、日本や世界の人口の数を1億、10億、100億、1000億の数の大きさの読み方で読んだり、書いたりすることができました。

グラフや表を使って調べる学習では、気温の変化を**折れ線グラフ**にしたり、それを表計算ソフトで表すなどして、**棒グラフ**との表し方の違いと折れ線グラフの良さについて理解できました。

わり算のし方を考える学習では、わり切れない数の**筆算**のし方を既習の計算方法をもとに考え、正確に計算することができました。計算ドリルの問題も、1問も間違うことなく計算できていました。

角の大きさを調べる学習では、分度器を使った角度の測定のし方を知り、それを使って正確な**二等辺三角形**や**正三角形**をかくことができていました。

小数の仕組みを調べる学習では、ポットに入る水のかさを調べ、0.1Lより小さいはしたの表し方を考え、1/100の位までの小数の書き方、読み方を理解することができました。

わり算の筆算を考える学習では、2位数÷2位数の筆算の仕方を使い、345÷21のような3位数÷2位数＝2位数の筆算の仕方を理解し、正確に答えを求めることができました。

およその数の使い方や表し方を調べる学習では、四捨五入して概数にする前のもとの数の範囲や、「以上」「未満」「以下」の意味を理解し、それを問題に合わせて正しく使うことができました。

計算の決まりを調べる学習では、複雑な式でもかっこの位置に気を付けることで、計算を簡単に行えることに気付き、正しい答えを出すことができました。

四角形の特徴を調べる学習では、平行や垂直の関係や特徴の違いを理解し、2枚の三角定規を器用に扱いながら、正確な平行・垂直な線を引くことができました。

分数を詳しく調べる学習では、真分数や仮分数、帯分数の特徴を理解し、図や数直線から数を読み取ったり、分数の大きさを比較したりすることができました。

「変わり方調べ」の単元では、時計盤の針が指す時刻の数の関係から、伴って変わる2つの数量の関係について、表を用いて□や○を使った式に表し、その関係を捉えることができました。

広さの表し方を考える学習では、陣取りゲームで得られた**図形**の面積の比べ方から、面積の意味や単位を理解し、そこからL字型の図形の面積の求め方を考えることができました。

小数のかけ算と**わり算**を考える学習では、既習の内容をもとに小数×整数や小数÷整数の計算をdLや0.1Lをもとに考え、**筆算**を使って正確に答えを求められるようになりました。

箱の形の特徴を調べる学習では、「**直方体**」「**立方体**」「**立体**」について理解することができています。ただ、展開図のかきかたについては理解が不十分でしたので、支援しています。

「**大きい数のしくみ**」の単元では、1億より大きい数を学習しました。まだ1000億以上の数の読み方が定着していないようですので、引き続き支援してまいります。

グラフや表を使って調べる学習では、**折れ線グラフ**の読み方で理解できていない部分があるようでした。夏休み中の気温の折れ線グラフをかく課題では、ご家庭でもご協力いただければ助かります。

わり算の**筆算**の方法を学習しました。筆算の商の立て方で不安な部分があるようで、毎日**宿題**でも計算練習に取り組みました。次の学期以降も、意欲的に取り組めるよう支援していきます。

角の大きさの表し方を調べる学習では、分度器の使い方を学習しましたが、まだ分度器の扱い方に慣れていないようです。教科書の問題などで、もう一度練習し、扱えるように支援していきます。

「**小数のたし算とひき算**」の単元では**筆算**を学習しましたが、位をそろえる部分で間違う様子が見られました。落ち着いて問題を解けるように、計算練習を重ねていくようにします。

◆「思考・判断・表現」に関わる文例

特性キーワード 分かりやすく説明できる／式に表すことができる／計算方法をノートにまとめる／表にまとめて立式／クラスの前で発表

そろばんの学習では、誰よりも早く数の表し方を理解することができました。簡単な**たし算・ひき算**も素早く計算し、「**筆算よりも得意**」と満足そうな笑顔を見せてくれました。

わり算の性質の学習では、$24000 \div 500$ のような、末尾に 0 のある数の簡単な筆算の仕方を、既習の除法の計算の仕方をもとに考え、説明することができました。

コンパスを使っていろいろな形をかく学習では、**円の中心の位置や半径**に着目し、形をつくるには円をどのように組み合わせればよいかを考え、学級全体に説明してくれました。

計算の約束を調べる学習では、$3 \times 60 = 180$、$30 \times 60 = 1800$ のような**かけ算**では、$3 \times 6 = 18$ の式をもとにして考えると、簡単に計算ができることを説明することができました。

四角形の特徴を調べる学習では、方眼や平行な二つの直線を用いて、**平行四辺形**や**台形**をかいたり、**ひし形**を正確にかく方法を考え、発表ソフトで全体に発表することができました。

分数を詳しく調べる学習では、同じ分母の帯分数の引き算をするときに、一度仮分数に直して計算すると計算しやすいことに気付き、それをノートにまとめることができました。

変わり方調べの単元では、1辺が1cmの**正三角形**を1列に組み合わせていくときの正三角形の数と周りの長さの関係を調べ、それを表にまとめて式に表すことができました。

広さの表し方を考える学習では、**正方形**や**長方形**の特徴、マスの数に着目して面積を求める公式をノートに考え、プレゼンテーションソフトを使って学級全体に説明することができました。

小数のかけ算とわり算を考える学習では、120mは80mの何倍かを求める問題から、何倍かを表すときに小数を用いることがあることを理解し、説明することができました。

箱の形の特徴を調べる学習では、身の回りのいろいろな箱を面の形に着目して仲間分けをし、そこから**直方体**や**立方体**の面、辺、頂点についての特徴、性質を調べ発表することができました。

1億より**大きい数**を調べる学習では、5400×320のようなかける数に0を含む場合の**筆算**の方法を、既習の内容をもとに、ノートに分かりやすくまとめることができました。

グラフや表を使って調べる学習では、けが調べの資料を種類と場所の2つの観点で整理する方法を考え、それを表にまとめたものを表計算ソフトでグラフにすることができました。

わり算のし方を考える学習では、74÷2の暗算の仕方から740÷2の暗算の仕方を、計算のきまりをもとに考え、分かりやすく説明することができました。

角の大きさを考える学習では、分度器を使った角のかき方を考えましたが、うまく操作することができませんでした。○○さんの前向きな姿勢を生かしながら、次の学期も支援していきます。

小数の仕組みを調べる学習では、数直線の1目盛りの大きさに着目して小数を数直線に表しました。まだ不安な部分もあるようなので、引き続き支援していきます。

そろばんの学習では、整数の位や小数の位の位置をそろばんで表しました。まだ5の玉や、位の位置について理解ができていない様子が見られましたので、定着するよう支援していきます。

1億より大きい数を調べる学習では、大きな数同士のかけ算で0の数について間違えてしまう様子が見られました。落ち着いて計算するよう、声を掛けていきます。

面積の測り方の学習では、1メートルと1平方メートルの違いについて、よく理解できていない様子が見られました。長さと面積の表し方の違いについて、改めて丁寧に説明していこうと思います。

計算の約束を調べる学習では、交換法則や結合法則を用いた計算を学習しました。その使い分けについて悩む姿が見られましたので、支援しながら復習を重ねていきたいと思います。

四角形の特徴を調べる学習では、平行や垂直の関係を学習しました。時折、これらが混同してしまうことがあるようですで、それぞれのかき方を一緒に確認していきたいと思います。

◆「主体的に学習に取り組む態度」に関わる文例

特性キーワード 興味関心をもって学習／問題を友達に出題／難しい問題にすすんで挑戦／意欲的に自主学習／日常生活と算数のつながりを意識

1億より大きい数を調べようの学習では、日本や世界の人口、オリンピックの開催予算などをもとに億や兆の仕組みや表し方に興味をもち、今後の生活や学習に活用しようとしていました。

グラフや表を使って調べる学習では、教科書の2都市の気温のグラフから、その変わり方を比較したことで折れ線グラフの良さに気付き、他の都市についても自主的にグラフ化して比べていました。

広さの表し方を考える学習では、L字型の**図形**の面積の求め方について、何通りも方法を考えていました。その後、自分でも変わった形をかき、それを問題にして友達に出す場面も見られました。

小数のかけ算と**わり算**を考える学習では、どちらも整数の計算をもとに考えられることに気付くと、その後の計算ドリルの適用問題にも積極的に取り組んでいました。

箱の形の特徴を調べる学習では、身の回りの物の中から、垂直や平行な面や辺を見つける活動に意欲的で、教室や学校などの建物はほとんどが垂直や平行になっていることに気付きました。

1億より**大きい数**を調べる学習では、0から9までの数字でどんな大きさの整数でも表せることを理解し、**自主学習ノート**には地球からお気に入りの星までの距離をびっしりと書いていました。

グラフや表を使って調べる学習では、**棒グラフ**と**折れ線グラフ**それぞれの読み方と良さを理解し、**学級新聞**づくりではクラスの行ってみたい国ランキングをグラフにしていました。

わり算の解き方を考える学習では、大きな数のわり算にすすんで挑戦するだけでなく、世界の国々のわり算の**筆算**の仕方を比べ、筆算の理解を深めようとしていました。

角の大きさの表し方を調べる学習では、分度器を使って角をかいたり、**三角形**をかいたりすることに面白さを感じたようで、身の回りのさまざまな角度を測ろうとしていました。

小数の仕組みを調べる学習では、小数同士の**たし算・ひき算**に興味を持ち、練習問題に積極的に取り組んでいました。**宿題**では、**自主学習ノート**いっぱいに計算問題を解く様子も見られました。

わり算の筆算を考える学習では、簡単な筆算だけでなく、大きな数の筆算の問題も、速く正確に解こうと取り組んでいました。○○さんは4年○組の計算チャンピオンです。

およその**数**の使い方や表し方を調べる学習では、日常の生活の大きな数に興味を持ち、**地図帳**に載っている各県の人口を概数にして表すなど、積極的に使おうとする姿が見られました。

計算の約束を調べる学習では、（　）を用いて一つの式に表すと数量の関係を簡潔に表すことができることに興味をもち、練習問題では積極的にそれを活用して解く姿が見られました。

４年の復習問題では、これまで学習したことを使い、速くかつ正確に解くことができました。基礎的な問題が終わると、自主的に難しい応用問題にも挑戦するなど、○○さんのやる気を感じました。

四角形の特徴を調べる学習では、三角定規で垂直や平行な線を引くのにつまずき、投げやりになってしまう姿が見られましたが、指導方法を工夫することで前向きに取り組めるようになってきました。

分数を詳しく調べる学習では、分数の理解が不十分なため、最初から問題を解こうとしない様子が見られましたが、一緒に考えることで、徐々に分数の原理を理解できるようになりました。

平行な直線をかく学習では、最初はあまりうまく操作できず、投げやりな場面も見られましたが、動画を見ながらゆっくりかくことで、少しずつですがかけるようになってきました。

広さの表し方を考える学習では、陣取りゲームに友達と楽しそうに取り組みました。その後の計算は諦めてしまう姿が見られましたので、教材を工夫するなどして支援していきます。

小数のかけ算とわり算を考える学習では当初、問題に取り組もうとしませんでしたが、パソコンの計算ソフトではやる気が見られたので、今後はそれも使いながら支援していきます。

箱の形の特徴を調べる学習では当初、あまり理解ができていないようでしたが、積み木を使うことで**立体**の名前を覚えることができるようになっていきました。

（4）**理科に関わる**所見文

◆「知識・技能」に関わる文例

特性キーワード 雲の動きを理解／動物の体のつくりを理解／正しい手順で実験／観察結果を正確に記録／温度計の使い方と読み取り方を理解／直列つなぎと並列つなぎの違いを理解

雲の様子を調べる活動では、タブレット端末を使って時間ごとに写真を撮り、その写真を並べて比べることで、雲の動きについて理解を深めることができました。

動物の体のつくりを調べる学習では、骨の動きと筋肉の様子について、自分の手を動かしながら着実に確かめ、理解することができました。他の動物の体のつくりにも興味をもち、自ら調べました。

腕を動かしたときの筋肉の様子について、教科書だけではなくタブレット端末のCG画像やアニメーションなどを使って一生懸命調べました。そのおかげでよく理解できています。

天気と**気温**の学習では、温度計を適切に使いながら正確に**実験**できました。実験結果を読み取り、晴れの日と曇りの日の気温の変化について、その違いを堂々と発表することができました。

ヘチマの成長について、**観察記録カード**にタブレット端末で撮影した写真を使い、大きさや数などのメモを簡潔に記し、分かりやすくまとめ、友達も感心していました。

電気の学習では、直列つなぎと並列つなぎの違いをしっかりと理解しながら、正確につなぐことができました。困っている友達にも分かりやすく教えるなど、頼もしい姿が見られました。

月や**星**の動き方を詳しく**観察**し、正確に記録することができました。その結果から、月や星は**太陽**の動きと同じであることに気付き、自信をもって発表することができました。

閉じ込めた**空気**と水の学習では、**実験**を正確に行い、その違いを理解することができました。学んだことをもとに、水鉄砲の仕組みについて分かりやすく説明することができました。

金属を温めて体積を調べる活動では、安全に気を付けてコンロを用い、正確に**実験**することができました。**水**や**空気**との違いを理解し、ノートに丁寧にまとめることができました。

水の温まり方を調べる学習では、インクの色の変化から、水が温まる様子を矢印で正確に表すことができました。**金属**との違いを意識しながら、分かりやすく発表することができました。

沸騰の様子を調べる学習では、安全に気を付けて正確に**実験**できました。まとめの学習では、**水蒸気**と湯気の違いを自分なりに理解を深めながら、分かりやすく記すことができました。

空気の学習では、楽しんで空気鉄砲で遊びました。閉じ込められたときの空気の様子について、もう一度教科書やタブレット端末で復習すると理解がさらに深まることでしょう。

植物や**動物**の**観察**では、友達と協力して活動しました。気温の変化と**生き物**の様子の関係について、以前に撮影した写真をもとに、もう一度復習してみるとよいでしょう。

電気の学習では、興味をもって取り組むことができました。直列つなぎと並列つなぎの違いについては、じっくりと取り組むことで少しずつ理解することができました。もう一度復習をしておきましょう。

空気を温める活動では、一生懸命**実験**に取り組みました。水と**金属**との実験結果より、空気の特徴は何かをもう一度確認すると、さらに深い理解につながると思います。

水蒸気を調べる活動では、楽しく授業に参加していました。「**沸騰**」「**水蒸気**」「湯気」などの用語の意味を再度確認し、復習を重ねることで、学習内容の定着が図れると思います。

◆「思考・判断・表現」に関わる文例

特性キーワード 動物の体のつくりについて発表／実験結果から新たな問いを見いだす／観察結果を深く考察／実験結果をグラフで表現／クラスの前で発表

タブレット端末を使ってさまざまな**生き物**を撮影し、夏と春の写真を比べることで、気温が高くなると生き物がたくさん見られるようになるのだと考えることができました。

動物の体のつくりを調べる学習では、鳥や馬の動きの様子から、その筋肉の発達の様子を考え、発表することができました。学習したことをもとに考える力が身に付いています。

電気の学習では、タブレット端末を使って**実験**結果の写真をたくさん使いながら自分の考えを明確に記し、学んだことをまとめました。発表会ではたくさんの友達に称賛されました。

水の染み込み方を調べる活動では、自分の生活経験から「砂の方が早い」と予想することができました。**実験**結果をもとに、「砂利ではどうなるのかな」と疑問を膨らませていました。

秋の**植物**の成長の様子について、学習したことをもとにしっかりと予想し、さまざまな植物の成長を調べていました。結果をもとに冬の植物の成長の様子についても考えていました。

水を冷やして氷になる温度を調べる実験では、タブレット端末を使って温度変化の様子をグラフにしました。その結果をもとに氷になるときの温度についてしっかりと考えることができました。

水の温度と体積の関係を調べる活動では、**空気**の様子との違いを意識しながら、**実験**結果について考察を深め、友達に分かりやすく発表することができました。

閉じ込めた**空気**の様子を調べる活動では、空気鉄砲で遊んだ活動をもとに、その様子を図を用いて表現することができました。**実験**結果を正確に把握し、空気の様子について考えを深めていました。

月や星の動きを調べる学習では、生活経験をもとに、**太陽と同じような**動きをすると予想することができました。**観察**結果から考察し、自信をもって友達に堂々と発表できました。

金属の温まり方の学習では、自分の経験をもとに温まり方についてイメージを膨らませ、図を用いて分かりやすく表し、発表することができました。その発表は友達からも称賛されていました。

沸騰の泡を調べる活動では、自分の予想に適した**実験**結果を明確に考えることができました。実験結果を正確に捉え、泡の正体は**水蒸気**であると結論付けることができました。

水の温度と体積変化を調べる活動では、真剣に**実験**に取り組みました。タブレット端末の写真記録や友達の発表カードをもとに復習してみることで、さらに考えが深まると思います。

電流の働きを調べる学習では、電池を増やしたときの豆電球の明るさにとても驚いていました。**実験**結果をもとに問題について考え、考察したことを書く習慣が身に付くと、成績向上につながることでしょう。

天気と**気温**の変化では、時間ごとに欠かさず温度を測ることができました。**実験**結果をもとにタブレット端末でグラフをつくり、そのグラフから何が言えるのかもう一度考えてみるとよいでしょう。

自然に蒸発する水を調べる活動では、一生懸命**実験**を行いました。実験前と実験後の結果を比べ、問題について考察を行うようにすると、さらに考えが深まると思います。

物の温まり方の学習では、たくさんの**実験**を行うことができました。予想をする際に、学んだことや自分の生活経験を振り返りながら予想をすることができるように、今後も声を掛けていきます。

水の姿と温度の関係を調べる活動では、興味をもって取り組んでいました。**実験**結果をグラフや表を用いて表し、それから何が言えるのかをじっくり考えると、さらに学びが深まると思います。

◆「主体的に学習に取り組む態度」に関わる文例

特性
キーワード　興味をもって学習／積極的に実験・観察／すすんで調査／理科が好き／自主的に学習
／粘り強く問題解決／話し合い活動に参加／学んだことを実生活に生かそうとする

星の学習では、興味をもって学習に取り組んでいました。夏に見られる
星座をタブレット端末でたくさん調べ、**朝の会**のスピーチでは友達の前
で上手に発表しました。

星の明るさや色を調べる活動では、積極的に学習に取り組んでいました。
たくさんの星や星座の名前を自分で調べ、友達に紹介することができま
した。星にとても興味がある様子がうかがえます。

水の温まり方を調べる**実験**では、自分の予想とは違った結果が出ても、
「もう一度調べていいですか」と何度も実験を行い、根気強く調べること
ができました。

動物の体のつくりを調べる活動では、さまざまな動物の骨のつくりをす
すんで調べていました。「昆虫の体のつくりはどうなっているのだろ
う？」と興味を広げている姿も見られました。

水について温度と体積の関係を調べる学習では、その仕組みが温度計に
使われていることを知り、とても驚いていました。学んだことをもとに
自分で温度計を作り、友達に紹介しました。

電流の働きを調べる学習では、興味をもって**実験**に取り組んでいました。
最後まで諦めずに頑張って完成させ、グループの友達から褒められてい
ました。

物の温まり方の学習では、思わぬ**実験**の結果に目を輝かせていました。
空気の温まる様子が気球の仕組みに使われていることに気付き、とても
感動していました。

冬の**生き物**の学習では、校庭に生き物がいないか、粘り強く探していま
した。虫を見つけたときに大声で友達を呼び、大いに喜んでいる姿から
も、理科がとても好きな様子がうかがえます。

沸騰の泡の正体を探る学習では、**実験**が成功するまで、友達と相談し合いながら、何度も取り組みました。実験が成功した際、友達と手を取り合って喜ぶ姿が印象的でした。

閉じ込めた**水**の体積変化を調べる学習では、友達とすすんで協力し合い、**実験**をすることができました。思わぬ実験結果を見て、本当に結果が正しいのか何度も検証をしていました。

天気と**気温**の関係を調べる学習では、1時間ごとの気温の変化をしっかり調べることができました。「夕方以降の気温も調べたい」と、家で**宿題**として調べる姿からも、学習に対する意欲を感じます。

生き物の**観察**では、苦手ながらも頑張る姿が見られました。タブレット端末の映像やイラストなどを見て、生き物に少しでも興味をもってくれると学習により意欲的に取り組めると思います。

理科の学習では**実験**に楽しんで参加しています。**植物**の**観察**については、タブレット端末で撮影した写真をもとに記録をまとめていくと、苦手意識が改善できると思います。

直列つなぎと並列つなぎを作る活動では、楽しみながら**実験**に参加していました。諦めずに最後まで取り組む姿勢が身に付くと、今後の学習が深まっていくと思います。

理科の学習では空気鉄砲に興味をもって、楽しそうに遊んでいました。学習の目的を明確にもち、すすんで調べようとする態度が身に付くように、今後も声掛けを続けていきます。

理科の学習では、**実験**に興味をもって取り組んでいます。話し合い活動に積極的に参加し、友達の考えをもとに自分の考えを深めていく姿勢が身に付くと、さらに思考が深まると思います。

理科の学習ではヘチマを育てようと一生懸命世話をしていました。学習の目的意識をもって**観察**をしっかり行い、記録カードにまとめ、考えを深める習慣が身に付くとさらによいでしょう。

（5）音楽に関わる所見文

◆「知識・技能」に関わる文例

特性キーワード 曲想と音楽の構造との関わりを理解／元気に伸び伸びと歌唱／自然な発声で歌唱／歌唱・演奏の音程やリズムが適切

音楽づくりの学習では、さまざまなフレーズのつなげ方や重ね方を試して表現を楽しんでいました。活動を通して、音楽の仕組みや組み合わせ方の特徴についての知識を深めることができました。

「もみじ」の学習では、呼吸や発音の仕方に気を付けながら、自然で無理のない歌い方で**歌唱**できました。**リコーダー**でも副次的な旋律を聴いて、音の重なりを意識した**演奏**をしました。

歌唱の学習では、持ち前の明るい声を生かしてのびのびと自然な発声で歌うことができました。発音やリズム、音程などにも気を配れるようになり、表現力がぐんと伸びました。

「さくらさくら」では、曲の雰囲気について、リズムや旋律などの特徴から考えることができました。そこから、実際に自分の**歌唱**方法を工夫したり、琴で弾くときに音色に気を付けたりしました。

歌唱の学習では、元気に伸び伸びと歌う○○さんの姿がありました。ハ長調の楽譜を見て歌うことには難しさを感じていたようですが、音楽活動を通して楽譜に慣れていくよう支援していきます。

リコーダーの**演奏**に当初は苦手意識があるようでしたが、得意な友達に教えてもらったり、個人練習を重ねたりすることで、着実にみんなと息を合わせて演奏することができるようになりました。

◆「思考・判断・表現」に関わる文例

特性キーワード 曲に対して思いや意図をもって演奏／リズムの重ね方や強弱、速度などを工夫／自分の考えを発表／曲想に合わせて歌唱方法を工夫

「茶色の小びん」の合奏では、**リコーダーパート**を担当しました。同じパートの友達と一緒に曲の雰囲気に合うような音色をすすんで研究し、曲に対する思いや意図をもって音楽を味わっていました。

リズムアンサンブルの学習では、リズムの重ね方や強弱、速度などをグループの仲間と話し合いながら工夫していました。曲全体のまとまりを意識して、**音楽づくり**への思いをもつことができました。

音楽朝会では、自分の歌声だけでなく、友達の歌声や伴奏を聴きながら歌うことができています。伴奏の響きの中に自分の歌声を混ぜるような歌い方をしようという意識が感じられます。

デジタルコンテンツを使って曲想を感じ取り、自分の考えをよく発言しました。言葉で伝えるだけでなく、実際に歌う際に、曲想に合わせて**歌唱方法を工夫**することができています。

音楽を聴くことに苦手意識があるようでしたが、歌や楽器を**演奏**することには関心があるようです。タブレット端末を使用して、好きな音楽を見つけて多くの音楽に触れれば、世界が広がりそうです。

◆「主体的に学習に取り組む態度」に関わる文例

特性キーワード 主体的に歌唱・演奏／音楽に主体的に関わろうとする姿勢／楽しみながら練習／積極的に意見を発信

リズムアンサンブルの学習では、グループのリーダーとして発表会を成功させようと主体的に取り組んでいました。自分のアイデアを友達に伝え、実現しようとする姿勢は○○さんの強みです。

歌唱の学習では明るく透き通った歌声を響かせ、器楽では**リコーダー**が苦手な友達のところへ行き、リズムや指使いを丁寧に教えていました。音楽に主体的に関わろうとする姿勢が随所に見られます。

日本の伝統楽器である**琴**や**三味線**、**三線**の音色や旋律の美しさなど、音楽の特性を感じ取る力を磨くことができました。日本の音楽に親しみ、またそれらを大切にしようとする姿が見られました。

「オーラリー」では**リコーダーの二重奏**に取り組み、旋律の重なりに興味関心を深めました。友達と協働して良い表現方法を考えることに楽しさを感じながら、練習に励むことができています。

「打楽器の音楽」では、音の様子を図形で表したカードを使い、音の出し方を工夫しました。友達のアイデアも自分の中に取り込めるようになると、さらに楽しく活動できるでしょう。

リズムアンサンブルの学習では、**リーダー**として自分の思いを積極的に発信していました。友達のアイデアも自分の中に取り込めるようになると、さらに楽しく活動できるでしょう。

3 「学習面の特性」に関わる文例
（6）図画工作に関わる 所見文

◆ 「知識・技能」に関わる文例

特性キーワード 材料の特性を生かして創作／道具を適切に使用／さまざまな方法で試行錯誤／素材を組み合わせるなど表現方法を工夫

「ひみつのすみか」では、造形遊びの経験から枝と枝をひもでつないだり、材料を生かした組み合わせをしたりすることができました。「作りたいものがどんどん浮かぶ」と言って夢中になって取り組みました。

「トントンつないで」では、のこぎり、金槌、キリを目的に応じて正しく使うことができていました。木を切った後も、切り口をやすりで丁寧に磨くなど、思いを込めて作品を作りました。

「ほって表す不思議な花」では、彫刻刀の使い方にも慣れ、彫る音を楽しみながら彫っていました。数種類の彫刻刀による彫りの違いを理解し、使い分けながら作品を作り上げました。

「つけて、のばして、生まれる形」では、粘土の感触を味わいながら、自分の感覚や手を十分に働かせて活動できました。やり直したり、付け足したり、変化を楽しみながら活動できました。

「つけて、のばして、生まれる形」では、用具の使い方に慣れ、さまざまな方法を試していました。それらを巧みに組み合わせておもしろい形が生まれたときは、とても嬉しそうでした。

「つないで組んで、すてきな形」では、紙バンドの特徴を生かして、作り方を工夫できました。できた作品に合う展示場所を校内から選んで公開日に合わせて展示し、地域の方からも大好評でした。

「これでえがくと」では、素材の違う複数の材料を大胆に組み合わせて、新しい表し方を発見していました。材料に合った接着方法、着色方法を駆使して、完成度の高い作品を作り上げました。

「かみわざ！小物入れ」では当初、箱をどう組み合わせるか決めかねていました。洗濯バサミで仮止めすることをアドバイスしたところ、組み替えながら思いを形にすることができました。

「まぼろしの花」では表現方法に迷い、活動が止まる場面がありました。タブレット端末で Web 上の「みんなの図工ギャラリー」を見ることで、自分に合った方法を選ぶことができました。

「どろどろカッチン」では、型を作る際に何度もヒントコーナーに足を運び、慎重にイメージを膨らませていました。考えがまとまってからは、伸び伸びと表現を楽しむことができました。

◆「思考・判断・表現」に関わる文例

特性キーワード 考えながら試行錯誤／偶然を生かして柔軟に表現／イメージや思いをもって表現／友達の作品を参考にしながら工夫

「絵の具のぼうけん、たのしさ発見！」では、スパッタリングなどの技法を、絵の具や水の量を変えて、考えながら試すことができました。偶然できた形や色の面白さを楽しむ姿が見られました。

「コロコロガーレ」では、ビー玉が冒険するようなコースにしたいという思いをもち、高低差をつけたり、ジャンプ台をつけたり、何度もビー玉を転がして試しながら作る姿が見られました。

「飛び出すハッピーカード」では、送る相手が喜ぶように色や飾りを考えていました。間違って入れた切り込みが、面白く飛び出したことを生かして、さらに発想を広げることができました。

「光とかげから生まれる形」では、タブレット端末のタイムラプス機能で撮影しながら、光と影が変化する様子に着目しました。撮影した動画を見ては活動を振り返り、何度も試す姿が見られました。

「ゆめいろらんぷ」では、「2分の1成人式」で飾るため、自分らしい色や形にしたいという思いを強くもって取り組みました。光り方を試しながら、イメージに合う材料や色を選べました。

「へんてこ山の物語」では、想像を広げタブレット端末で独創的なアイデアをたくさん考えました。アイデアを友達と見せ合う共有の場面では、いつも友達の良さに気付く目をもっています。

「ゴー！ゴー！ドリームカー」では、車が安定して走らなかったとき、早く走る友達の仕組みを見せてもらい、参考にしました。タイヤの大きさや厚さを自分で考え、調整し直すことができました。

「木々を見つめて」では、実際に木を触りながら描く木を決め、いろいろな角度からタブレット端末で撮影しました。何度も画像を確かめながら、その木の特徴を捉えて表現することができました。

◆「主体的に学習に取り組む態度」に関わる文例

 特性キーワード 意欲的に創作／思いを感じながら鑑賞／生き生きと表現／次の作品への意欲／創作活動の楽しさを認識

「絵から聞こえる音」では、体験ををもとに想像力を働かせることができました。友達との交流では、相手の意見に共感するだけでなく、友達の表現について自分の見方や感じ方を話せました。

「本から飛び出した物語」では、「読書週間にみんなに読んでほしい」と、意欲的に取り組みました。本を何度も振り返りながら、場面の様子が伝わるように工夫して表現できました。

「ここにいたい」では、学校のシンボルツリーを選びました。今までの経験を生かして段ボールをつなげたり、穴をあけたり、生き生きと活動する姿が見られました。

「元気のおまもり」では、途中鑑賞で見た友達の作品の色合いを自分の作品にも生かすことができました。友達の作品カードをよく読んで、思いを感じながら鑑賞している姿に感心しました。

「わくわくネイチャーランド」では、自然の地形を生かした遊び場を思いつき、提案していました。外での活動に苦手意識のある友達も一緒に活動に楽しめるように声を掛ける優しさも見られました。

「絵の具でゆめもよう」では、自分の活動をよく振り返り、振り返りカードに書いていた自身の課題（色づくりと筆の工夫）を次の時間には自分なりに考え、試しながら解決することができました。

学期の終わりには、ポートフォリオにためた作品の写真や作品カードを振り返り、「今度は今までの作品でうまくいかなかった絵の具での色づくりをがんばりたい」と次への意欲を述べていました。

「ポーズのひみつ」では、タブレット端末で美術作品を手元で鑑賞することで、作品の細かい所まで見て意欲的に取り組めました。色や持ち物、服装などから作品の面白さに気付くことができました。

「ようこそ！ゆめのまちへ」では、友達と協力して取り組み、生き生きとした姿が随所で見られました。自分のアイデアが生きる喜び、試しながら工夫する楽しさを味わうことができていました。

「学校もりあげマスコット」では、アイデアを友達に褒められてから、自信をつけました。自分のマスコットへの思いを友達と目を輝かせて話したり、うれしそうに飾ったりする姿が見られました。

3 「学習面の特性」に関わる文例
（7）体育に関わる所見文

◆ 「知識・技能」に関わる文例

特性キーワード なわとびが得意／用具やボールの操作に優れている／マット運動・鉄棒などが得意／ハードルをリズムよく跳躍／メリハリのある動き／練習を重ねて技能が上達

なわとびの学習では、前回しで二重跳び、あや二重跳びができるようになりました。手首の動きや跳ぶ姿勢が良いのでクラスの見本となりました。跳び方のコツをノートにまとめることもできました。

ミニサッカーではコートを広く使い、仲間の動きを考え、空いているスペースにパスを出したり、空いているスペースに走り込んだり、作戦を考えながらゲームに取り組むことができました。

多様な動きをつくる運動では、さまざまな動きの中でバランスをとりながら活動することができました。用具の操作に優れ、バランスを保ちながらボールを投げたり捕ったりすることができました。

マット運動では、スキップから勢いをつけての側方倒立回転ができるようになりました。腰を高く上げ、膝、つま先まで伸ばし、しなやかな姿勢で行い、発表会ではクラス全員から拍手をもらいました。

マット運動では、よりスムーズに回転するための体の動かし方を知り、何度も練習を繰り返すうちに開脚前転ができるようになりました。身に付けた知識を後転系にも応用しながら取り組みました。

鉄棒運動のかかえ込み前回りでは、脇を締め、肘で鉄棒を押さえ、膝の曲げ伸ばしをタイミング良く行い、連続で回れるようになりました。学んだ技能を補助者として友達に伝えることもできました。

鉄棒運動では、すすんで練習に励む中で、勢いのある回転のつけ方を知り、かかえ込み前回りができるようになりました。身に付けた技を繰り返したり、組み合わせたりすることができました。

小型ハードル走ではリズム良く跳び越えることができます。「0、1、2、3」のタイミング、振り上げ足の下ろし方が良く、動画教材の見本となりました。自己の40m走の記録に近づいています。

小型ハードル走では、小型ハードルの置く場所を変えながら何度も調整し、自分に合ったインターバルの距離を考えることができました。スピードが落ちないようにリズムよく走り抜けていました。

水泳では、楽しみながら活動する中で、呼吸の調整の仕方を身に付け、もぐったり浮いたりすることができました。壁を強く蹴り、体を伸ばしたけのびの姿勢で遠くまで進むことができました。

水泳では、ビート版を使用してのかえる足泳ぎが上手にできるようになりました。足首をしっかりと曲げ、強く蹴りだすことができます。プールの横幅を3回で進むことができました。

ボールを捕ったり、投げたりする操作に優れています。ハンドボールでは、ボールを持っていないときの動きの大切さを知り、空いている場所へ素早く動いてパスを受けることができました。

表現運動では空想の世界のイメージを膨らませ、イメージに合った動きを体全身で表していました。単調な動きではなく、緩急をつけたメリハリのある動きで周囲の注目を集めていました。

マット運動では、後転を成功させるためにゆりかごを何度も練習し、少しずつ体を前後に揺らす動きがスムーズになってきました。傾斜を利用して後転をすることができました。

マット運動では、後転を成功させるために膝の曲げ伸ばしを利用した大きなゆりかごができるようになりました。ブリッジで支える力を高め、一人で後転ができるようになりました。

ハンドボールでは、ドリブルの練習にスモールステップで取り組み、着実にドリブルできる回数が増えています。ゲームの中でもドリブルができ、チームの仲間に拍手を送られていました。

◆ 「思考・判断・表現」に関わる文例

自身の課題を見つけて練習／動画で課題を発見／バトンパスの方法を工夫／練習方法を工夫／気付いたことを発表／チームで作戦を試行錯誤

体つくり運動では、楽しく運動に取り組む中で自分の課題を見つけ、解決のために必要な場や用具を工夫していました。気付いたことを発表したり、友達にアドバイスしたりしていました。

保健の学習では、より良く発育・発達するための生活について興味をもって調べ、班で話し合った内容をプレゼンソフトでまとめ、発表することができました。自分の生活の課題にも気付きました。

マット運動では、側方倒立回転を成功させるために自分の動画を見ながら課題を見つけ、課題解決のための練習の場を選ぶことができました。友達の技を見て、課題を教えてあげることもできました。

マット運動では、側方倒立回転を成功させるために必要な自分の課題を見つけ、課題解決のための練習の場を選ぶことができました。友達の技を見て、課題を教えてあげることもできました。

鉄棒運動では、鉄棒カードを活用し自分の能力に合った課題を見つけていました。膝掛け振り上がりができない友達に対して、足の曲げ伸ばしのタイミングを大きな声で伝えてあげていました。

かけっこ・リレーでは、タブレット端末を活用しながら課題を見つけ、バトンパスの際にスピードを落とさないよう工夫していました。チームの目標を設定し、友達と協力しながら取り組みました。

水泳では、かえる足の自己動画を見ながら課題を見つけ、課題解決に向けて練習方法を工夫していました。友達2人がそれぞれ持ったビート板を足裏で蹴り開く練習方法を紹介しました。

水泳では、自分の課題を見つけ、課題解決に向けた練習の仕方を工夫することができました。けのびが思うように進まない友達に対して、アドバイスしたり、補助したりしていました。

ハンドボールでは、的確ににボールをつなぐために、「パスしたら走る作戦」を考案し、ホワイトボードを使って作戦を班員に伝えていました。その作戦がクラス全体にも共有されました。

プレルボールでは、正確にボールをつないだり、より確実に得点を決めたりするための方法を考え、そのために練習の仕方を工夫しました。ホワイトボードを使って、作戦を伝えていました。

跳び箱運動では、手を着く位置や着地する位置に目印を置き、技の出来栄えを視覚的に捉えることで、自分の課題を見つけることができるようになってきました。

プレルボールでは、いくつかのチームの型に合った作戦リストの中から、自分たちのチームで取り組む作戦を選んでいました。さらに改善策を考え、その利点を皆に伝えることもできました。

◆「主体的に学習に取り組む態度」に関わる文例

 すすんで運動／準備・片付けを率先して実施／できない技に何度も挑戦／勝利に向けて努力／全身を使って表現／チームとコミュニケーションを取りながら活動

体つくり運動では、友達の意見を取り入れながら、すすんで運動に取り組んでいました。きまりを守り、場や用具の安全に気を付けながら、活動することができました。

体つくり運動では、友達の意見を取り入れながら動きに変化を加えたり、より良いものにしたり、意欲的に取り組むことができました。友達をいつも応援し、全体の雰囲気を明るくしてくれました。

マット運動では、率先して準備や片付けを行うことができました。そのような姿勢がクラス全体に良い影響を与え、みんながすすんで準備等を行ってくれるようにもなりました。

マット運動では、準備や片付けを友達と一緒に協力して行いました。できなかった技ができるようになった友達に対して、ハイタッチをして称賛してあげる優しい姿も見られました。

鉄棒運動では、鉄棒の下のくぼみに気付き、砂を入れてくれました。友達の安全などにも気を配った素敵な行動でした。苦手な技にも意欲的に取り組み、できる技を増やすこともできました。

鉄棒運動では、安全な待ち方や友達の技の観察の仕方など、きまりを守って取り組むことができました。できない技に何度も挑戦することで、着実にできる技を増やしていくこともできました。

かけっこ・リレーでは、負けを糧にして速いチームのバトンパスを研究し、勝利に向けて努力していました。結果発表の際には、どのチームにも大きな拍手を送ることができました。

水泳の学習では、準備や片付けを素早く済ませ、すぐに話を聞く姿勢を整えることができました。水に対する恐怖心のある友達に対して、優しく声掛けをし、安心させてあげていました。

プレルボールでは、ボール操作の苦手な仲間に対して、トスのしやすいボールを渡そうとしていました。試合の初めと終わりには、大きな声で気持ちの良いあいさつをすることもできました。

表現運動では、表したい動きを体だけでなく、表情でも伝えられるように全身を使って表そうとしていました。男女分け隔てなく接し、誰とでも仲よく踊っていました。

リレーの学習では、勝ちたい気持ちに加え、チームで取り組む協働の大切さに目向けることができるようになってきました。見合ったり教え合ったりしたことで記録が伸び、仲間意識も高まりました。

リレーの学習では、バトンの受け渡しの練習の際に、互いに見合ったり教え合ったりすることで、コミュニケーションの取り方や大切さを実感し、前向きに取り組めるようになりました。

ハンドボールでは、チームの勝利に結びつかず嫌気がさしてしまうときもありましたが、何度も練習を重ねたり、チームの仲間への声掛けをしたりする中で、意欲的に活動できるようになりました。

（8）特別活動に関わる所見文

◆「知識・技能」に関わる文例

特性キーワード 自分の役割に責任感をもっている／計画的に実行／周囲を考えて行動／公平に判断／人の意見に耳を傾ける

「**歯磨きの大切さ**」の学習で、自分の磨き方には不十分なところがあることに気付きました。磨き残しのないよう、鏡を見て丁寧に磨くことを目標にし、**給食後**もしっかり実践できています。

社会科見学では、グループの**リーダー**として熱心に質問する姿が見られました。聞いて分かったことをみんなに伝えるなど、自分の役割に責任をもって取り組みました。

縦割り活動では、いつも**リーダー**として活躍する5、6年生をまねして、自分から低学年に声を掛けて一緒に遊ぶ姿が見られ、「高学年の仲間入り」という自覚に大きな成長を感じました。

学級会で多くの意見が出たとき、自分と違う意見や少数意見も尊重し、提案理由を基にそれぞれの良さを生かせるよう考えて発表できました。出された意見を大切にする姿勢が立派でした。

学級会では、司会グループの**リーダー**として仲間をまとめ、**休み時間**などを使って会の流れを相談したり、せりふの練習をしたりして計画的に進めることができました。

よいと思うことはすすんで行い、廊下や水飲み場にこぼれている水を見つけると積極的に拭き取っていました。常に周りの人のことを考えて行動する姿勢は大変立派でした。

自分のやりたいことが先行してしまうこともありましたが、一人ではできないこともみんなと一緒だとできることに気付き、話し合いながら活動できるようになってきました。

学級会で意見が分かれたときに、理由も明かさず反対するのではなく、相手の意見を聞いたり、自分の考えの根拠を明らかにしたりして、公平に判断するよう助言しました。

代表委員や学級委員に立候補し、クラスの中心となって活動しました。自分本位で行動するのではなく、周りのことを考えて声を掛けたり、話し合いの要点を伝えたりすることの大切さに気付きました。

◆「思考・判断・表現」に関わる文例

 自分の意見を分かりやすく説明・発表／高学年を意識した行動／学級のことを考えて行動／課題を発見し解決する姿勢／友達と話し合いながら合意形成

計画委員として、話し合いがスムーズに進められるよう丁寧に準備をしました。提案理由の説明では、プレゼンテーションソフトを使い、大型モニターに映しながら分かりやすく説明しました。

4年生になり、高学年に一歩近づいたことを意識する言動が多く見られました。ルールや決まりを守ろうと自分から行動したり、いけないことを毅然と注意したり、クラスの良い手本となっています。

給食が終わって掃除に入る前に、机が運ばれていないのを見ると、自分の机だけでなく、友達の机も直す姿がありました。自分の役割かどうかにかかわらず行動できることが素晴らしいです。

運動会の応援団やクラブ活動を通し、上級生と協力して活動することの大切さを感じることができました。自分にできることを考え、下級生の手本となる行動をしようと心掛けていました。

「友達を大切に」の学習を通し、人との関わり方について考えました。自分の強い口調が相手を嫌な気持ちにさせていたことに気付き、少しずつ直していきたいと意識の変容が見られました。

学級会では、自分の思いだけを主張してしまうことがありましたが、少しずつ理由や根拠を明らかにしながら説明したり、友達の意見にも耳を傾けたりすることができるようになってきました。

◆「主体的に学習に取り組む態度」に関わる文例

特性 キーワード 自分の仕事は最後までやり遂げる／クラブ活動に意欲的／係・当番活動にすすん で取り組む／自分の役割を意識して行動

クラス当番の活動では、牛乳パックをきちんと洗って並べることや、バケツの周りにこぼれた水を最後まで拭くことなど、自分の仕事に最後まで責任をもってやり遂げる姿が見られました。

初めてのクラブ活動に意欲的に取り組みました。時間に遅れないように活動場所へ向かい、6年生の話をしっかり聞いて、安全に楽しく取り組む姿は大変素晴らしいです。

クラブ活動に意欲的に参加しました。タブレット端末で○○クラブのデジタル掲示板に書かれた予定をきちんと確認し、同じクラブの友達にも伝えるなど、熱心に取り組みました。

休み時間に、係や当番の仕事にすすんで取り組んでいます。自分にできることはないか周囲に気を配り、みんなのために働く姿は学級の良き手本となりました。

クイズなぞなぞ係として、みんなを楽しませようとすすんで活動しました。帰りの会で問題を出したり、係コーナーに貼って答えを募集したり、工夫して取り組む姿が楽しそうで微笑ましかったです。

学級会では、「低学年のお手本になろう」とクラスあいさつ運動を提案し、取り組むことができました。上級生として何ができるかを考え、一生懸命活動する姿はとても立派でした。

女子に対してきつく当たる様子が見られ、「男女仲良く」の時間に原因を考えました。男女ともに良さがあり、協力して活動すればもっと楽しくなることを知り、少しずつ一緒に活動し始めています。

遊びに行く前に、係の仕事に取り組むように声を掛け続けました。自分の仕事を先に済ませることで気分良く遊べると気付き、徐々に自分から仕事をする姿が見られ始めました。

「特別の教科 道徳」
「外国語活動」
「総合的な学習の時間」
の所見で使える文例

•

このPARTでは、「特別の教科 道徳」「外国語活動」「総合的
な学習の時間」の所見で使える文例を紹介します。

1 「特別の教科道徳」の文例

特性
キーワード

努力の大切さを理解／思いやりの心／相手の立場を考えた行動／素直に謝れる／
情報モラル／先人に対する尊敬と感謝の念／周囲に貢献する姿勢／他国の文化を
尊重／郷土への愛着／命の尊さを理解／決まり事を守る意識

「だまっていればわからない」の学習では、登場人物の気持ちについてロールプレイを通して学級全体で話し合い、正直に生きることの大切さについて自分の考えを深めることができました。

「あいさつでつながる」の学習では、自分のあいさつについて考え、あいさつが相手と自分の心をつなげることに気付き、今後の生活の中で実践していこうと意欲を高めることができました。

「夢に向かって泳ぐ」の学習では、目標に向かって粘り強く努力することの大切さを知り、自分の夢を叶えるために苦しいことも乗り越えて努力し続けようという思いをもつことができました。

「泣いた赤おに」の学習では、友達のために考えて行動するときの気持ちを考え、お互いを支え、励まし、高め合える存在こそ友達であると自分の考えを深めることができました。

「日本人の手でオルガンを」の学習では、習いごとの習字や自分で決めたランニングを辞めてしまった経験を振り返り、努力を重ねて頑張った先に成功があることに気付くことができました。

「「正直」五十円分」の学習では、登場人物である兄弟の行動について学級全体で話し合い、うそをつかないで正直に生きることの素晴らしさについて自分の考えをまとめることができました。

「心と心のあくしゅ」の学習では、親切には人によってさまざまな見方や考え方があることに気付き、時には見守るなど相手の立場に立って行動することの大切さを知ることができました。

「雨のバスていりゅう所」の学習では、身の回りの決まりについて考え、気持ち良く過ごすためには、自分のことばかりではなく、みんなのことも考える必要があることに気付くことができました。

「かっこいいせなか」の学習では、高学年の姿を学級全体で話し合い、みんなのために働くことができる人になりたいという思いをもち、今後の生活に生かしていこうとする意識を高められました。

「だまっていればわからない」の学習では、「怒られたくないからうそをつく」のではなく、話し合いを通して素直に謝ることが、毎日を明るく楽しい生活にするためにも必要だと気付きました。

「ほっとけないよ」の学習では、「友達に注意できなかったことがある」と振り返り、自信をもって正しいことをすることが、自分や周りの人のためになることについて深く考えることができました。

「プロレスごっこ」の学習では、「断ることは難しいけれど、努力していきたい」と発言し、自分事として捉えることで、公正・公平に接することの難しさについて考えを深めることができました。

「ブラッドレーのせいきゅう書」の学習では、両親や祖父母が大きな愛情で自分を育ててくれたことを改めて感じ取り、家族の一員として積極的に役に立ちたいと意欲をもつことができました。

「ゆめは世界一のプロ野球マスコット」の学習では、「自分の長所を伸ばしていくことで誰かの役に立ちたい」と記述し、今後の自分の生き方について、考えを広げることができました。

「タイガとココア」の学習では、病気やけがについて自分の体験を振り返り、自分に与えられた命を大事にして、一生懸命生きることの素晴らしさについて自分の考えをまとめることができました。

「つながるやさしさ」の学習では、相手のことを思いやり、自分にできることは何かを考えることで、誰に対してもすすんで親切にしようとすることの大切さについて気付くことができました。

「学校のじまんを大切に」の学習では、学校の良さを忘れていた主人公と自分を重ねて考え、気持ちの良い学校をつくるために感謝の気持ちを忘れずに過ごそうという考えをもつことができました。

「守りたい自分のじょうほう」の学習では、情報モラルについて話し合い、予防策を考え、情報を守りながら生活することの大切さに気付き、普段の生活へつなげる意識を高めることができました。

「一歩一歩の積み重ね」の学習では、伊能忠敬の生き方から目標を実現するための強い意志について考え、努力することの大切さについて自分自身の考えを深めることができました。

「学校のれきし」の学習では、自分たちの学校生活を支えてくれる人の思いを話し合い、その人たちによって今の自分たちが支えられていることに気付き、尊敬と感謝の念をもつことができました。

「絵はがきと切手」の学習では、親友をつくることの大切さを考え、友達のことを互いによく理解し、信頼することが重要であると自分の考えをまとめることができました。

「わかってくれてありがとう」の学習では、相手の言動にある思いを知り、相手への理解を深め、自分も相手からの理解が得られるようにすることの大切さに気付くことができました。

「二宮金次郎の働き」の学習では、金次郎の働く姿勢から自分のできる仕事について話し合い、みんなのためにすすんで働くことの意義がたくさんあることに気付くことができました。

「お父さんのラーメンがいちばん」の学習では、お父さんの姿を話し合い、協力し合って楽しい家庭をつくることの意義を考え、家族のために自分のできることについて考えることができました。

「世界の子どもたちのために」の学習では、世界の給食について話し合い、他国の文化の違いに気付き、世界のために何かできることがないかと自分の考えを深めることができました。

「やっぺし」の学習では、東日本大震災で被害にあった地域の人たちの思いを知ることで自分の地域の大切さを改めて考え、郷土の素晴らしさに気付くことができました。

「おばあちゃんとの思い出」の学習では、今ある自分の命は家族に支えられていることに気付き、与えられた生命を大切にして、一生懸命生きることの素晴らしさについて考えることができました。

「命」の学習では、宮越由貴奈さんの生き方を通して、命が限りあるものだからこそ精一杯生きていくことが大切だと気付き、話し合いを通して命に対する考え方を深めることができました。

「十才のプレゼント」の学習では、お父さんのプレゼントの意味について学級全体で話し合い、自然の美しさや人の心の気高さを感じ取る心が自分にもあることに気付くことができました。

「ゆめは世界一のプロ野球マスコット」の学習では、島野修さんの考えについて話し合い、自分にもある特徴について考え、自分の個性を磨いていくことの大切さに気付くことができました。

「プロレスごっこ」の学習では、日常生活に何気なくあるいじめ問題について学級全体で話し合い、社会正義の実現に向けて不正な行為は許さないという自分なりの考えを深めることができました。

「横浜港のガンマンの思い」では、働くことの意味や意義を学級全体で話し合い、みんなのためにすすんで働くことの大切さや自分を成長させることの大切さに気付くことができました。

「つながるやさしさ」の学習では、相手に対してどのように接し、対処することが相手のためになるか考え、思いやりの心がつながっていくことの大切さに気付くことができました。

「ゆうびんの父」の学習では、前島密の生き方から、日本の郵便の仕組みをつくりたいという目標を実現するための強い意志をもち、努力を続けることの意味について考えることができました。

「このままにしていたら」の学習では、決まりを守る意味について学級で話し合い、みんなが安全で安心して過ごすために決まりがあることに気付き、自分の考えをまとめることができました。

学級全体の話し合いを通して友達の考えに触れ、自分の考えを広げることができました。これからの自分の生き方について、自分事として深く考えることができるようになりました。

教材をよく理解し、学級での話し合いにおいて自分の考えを表現し、仲間と考えを共感することができました。道徳科で学んだことを自分の将来につなげて、考えを深めることができました。

ペアやグループでの話し合いを通してさまざまな考えを交流し、自分の考えを広げることができました。どの教材においても、自分の生き方について深く考える意欲的な姿が多く見られました。

2 「外国語活動」の文例

◆「知識・技能」に関わる文例

特性キーワード 活字体（小文字）の読み方を理解／英語の正しい聞き取り／日付・曜日などの表現の理解／身近な物を表す単語を理解／日本語と英語の音声のリズムの違いを理解

「Alphabet」の学習では、活字体（小文字）の読み方を理解し、身の回りにあるアルファベットの文字クイズをタブレット端末を使って出したり答えたりしながら認識を深めました。

「Let's play cards.」の学習では、天気を表す単語や天気の尋ね方を理解し、ALT と HRT の会話の中から正しく聞き取ることができました。

「I like Mondays.」の学習では、自分の好きな曜日について ALT や友達に尋ねたり答えたりしながら、日付や曜日を表す表現を理解し、伝え合うことができました。

「What time is it?」の学習では、インタビューゲームを通して時間について英語で表すことができました。ALT や友達にも積極的に話し掛けている姿が印象的でした。

「Do you have a pen?」の学習では、文房具など学校で使う物の名称を理解し、それらについて ALT や友達に尋ねたり答えたりして伝え合いました。

「This is my favorite place.」の学習では、自分が気に入っている校内の場所に案内する表現を理解し、その場所について ALT や友達に伝えることができました。

「Let's make shapes!」の学習では、身近な物の形を表す言葉を理解し、すすんで使ったり相手の話を聞いたりして、互いの考えを伝え合うことができました。

「This is my day.」の学習では、主人公の 1 日について絵本などの短い話を聞いて反応したり、おおよその内容を理解したりすることができました。

「How are you? What's your name?」の学習では、友達や ALT に名前や調子を英語で尋ねたり、自己紹介をしたりすることができました。

「Let's play cards」の学習では、天気を表す単語や天気の尋ね方に慣れ親しみ、友達にインタビューしたり、タブレット端末にメモをしたりしながら学習に取り組みました。

「I like Mondays.」の学習では、友達と歌やチャンツ、ゲームを通して楽しく活動し、日付や曜日を表す表現に慣れ親しむことができました。

「What time is it?」の学習では、時間について尋ねる表現やその答え方について、インタビューゲームを通して慣れ親しむことができました。

「This is my day.」の学習では、絵本など短い話を聞く活動を通して、日本語と英語の音声のリズムなどの違いに気付くことができました。

◆「思考・判断・表現」に関わる文例

英語でのあいさつ・自己紹介／英語での簡単なコミュニケーション／ ALT との質疑応答／特定のテーマに沿った英会話／ゲームを通した英語での対話

「Hello, World!」の学習では、世界にはさまざまなあいさつの仕方があることに気付くとともに、さまざまなあいさつの言い方にも慣れ親しみました。

「Let's play cards.」の学習では、天気を尋ねる表現や天気を表す言葉を使って尋ね合い、答えによって誘う遊びを工夫するなど考えながら学習に取り組みました。

「I like Mondays.」の学習では、好きな曜日についての ALT や HRT からの質問に、1週間の自分の生活と結び付けて考え、理由も付け足して答えることができました。

「What do you want?」の学習では、オリジナルピザを作ってスライドにまとめる活動を通して友達の欲しい食材を尋ねたり、自分の欲しい食材を要求したりすることができました。

「Do you have a pen?」の学習では、ビンゴゲームの中で相手が持っている文房具を推測しながら活動に参加し、友達や ALT に英語で尋ねることができました。

「This is my favorite place.」の学習では、インタビューゲームの中で気に入った場所を伝える際に、なぜ好きなのかの一文を加えて自分の思いを伝えられました。

「Let's make shapes!」の学習では、オリジナルツリーを完成させるため、自分に必要な形を考えながら積極的に ALT や友達に伝えることができました。

「This is my day.」の学習では、日本語と英語の音声やリズムなどの違いに気付き、絵本などの短い話を推測しながら聞いて、反応したりおおよその内容が分かったりしました。

「What do you want?」の学習では、タブレット端末上の絵カードから友達の欲しい食材を尋ねたり、自分の欲しい食材を要求したりすることを通して、表現に慣れ親しみました。

「This is my favorite place.」の学習では、友達の好きな場所を紹介し合う活動の中で、絵カードの中から選びながら伝え合うことができました。

「I like Mondays.」の学習では、好きな曜日について紹介する活動の中で、手元のタブレット端末にあるカードの中から選びながら伝え合うことができました。

◆「主体的に学習に取り組む態度」に関わる文例

特性キーワード 意欲的に英語を活用／積極的に ALT と会話／授業以外でも英語を活用／ジェスチャーを交えながら会話／他国の文化への興味関心

「Alphabet」の学習では、教科書に載っているもの以外にも身の回りで小文字が使われているものを探し、タブレット端末で写真を撮って友達と共有するなど、意欲的に取り組みました。

「Let's play cards!」の学習では、天気を表す単語や天気の尋ね方の表現を使って、相手に配慮しながら、友達を自分の好きな遊びに誘おうとしていました。

「I like Mondays.」の学習では、1週間の自分の生活と結び付けて考え、学習した表現を使って自分の考えを積極的に ALT や HRT に伝えようとしていました。

「What do you want?」の学習では、これまで学習した表現を使ってたくさんの食材をタブレット端末に集め、唯一無二のオリジナルピザを作って紹介していました。

「Do you have a pen?」の学習では、文房具など学校で使う物の名称を理解し、それらについて積極的にALTや友達に尋ねたり答えたりして伝え合いました。

「This is my favorite place.」の学習では、校内を案内する表現を使って、実際に今年から来たALTに校内を案内するなど、授業以外の場面でも英語を活用しました。

「Let's move our body!」では、身近な動作の言い方を知り、指示を聞いて動作しようとしたり、相手に指示したりして、積極的にコミュニケーションを楽しんでいました。

「Hello, world!」の学習では、世界にはさまざまなあいさつの仕方があることに気付き、ゲームの中でジェスチャーを交えながら友達やALTと積極的に会話をしています。

「What time is it?」の学習では、世界の国や地域によって時刻が違うことに気付きました。ALTの母国にも興味をもち、文化の違いを知るためにたくさん質問をしていました。

「Do you have a pen?」では、チャンツやゲームを通して単語に慣れ親しみました。友達とペアで指示を考えるなどして取り組み、活動を楽しんでいます。

「Let's move our body!」では、指示を聞いて動作しようとしたり、相手に指示したりしました。友達とペアで指示を考えるなどして取り組み、活動を楽しみました。

「What time is it?」の学習では、時間を表す言葉に興味をもち、タブレット端末の音声機能を何度も活用しながら、友達と歌やゲームを通して楽しんで学習に取り組みました。

3 「総合的な学習の時間」の文例

◆「知識・技能」に関わる文例

特性 キーワード 地域の人と交流・対話／地域の課題を理解／自然環境の変化への気付き／仕事に対する思い・やりがいの理解／意欲的な調査

「町音頭」では、町内会の交流会に参加することで、自分の町には魅力や特徴があり、その価値を広めることが地域活性化につながることに気付くなど、対話的な学びを深めることができました。

「地域防災」では、地域の安全・防災を高めるために、まず自分自身の日常の備えや心構えが大切だということを理解しました。自分のことは自分でやろうとするなど、心の成長を感じました。

「学校植物マップ」では、虫メガネや温度計の使い方、記録の取り方を理解し、校内の**植物**を調査しました。身近な自然環境の変化に気付く態度が養われました。

「町写真展」では、プロのカメラマンから撮影の方法や心構えを学びました。自分の仕事に対して、やりがいや思いをもって責任を果たしている様子が伝わり、自律的な言動の高まりを感じました。

「メダカ」では、メダカを放す池の水質を調べ、校内の池が**生き物**にとって良い環境ではないことを学びました。生き物を守るためには、日頃から環境を考えた生活が必要であることを理解しました。

「学校の自然」では、専門家のアドバイスを生かして、ビオトープづくりに取り組みました。**生き物**が住みやすい環境について友達と話し合い、生物同士の関係などについて理解を深めました。

「折り紙」では、試行錯誤を重ねて何種類もの作品を創作しました。作品を作るだけでなく、折り紙はいろいろな人との交流の手段として価値や魅力があることにも気付くことができました。

「竹」では、校内にある竹の種類や用途を調べ、竹には多くの活用方法があり、有効活用できることを知りました。活動を通じ、身近な自然環境が生活に生かせることに気付くことができました。

「落語」では、落語家との関わりから、プロの厳しさを知りました。お客様の立場になって考えることの大切さを学び、学校生活の中でも相手のことを考える態度が養われました。

「地域防災」では、消防署の方からの話を通じて災害の悲惨さを知りました。まず自分の身を守るために、日常の備えをしておこうという意識が芽生え始めました。

「メダカ」では、メダカを放す池の水質を調べました。調査結果から、校内の池が**生き物**にとって良い環境ではないことについて、友達の協力を得て知ることができました。

「折り紙」では、作品づくりに苦手意識がありましたが、友達に助けてもらいながら取り組み、自分の折り紙を完成させました。一人では難しいことも、友達と協力すると達成できると実感しました。

「落語」では、人前で話をすることが苦手でしたが、落語家の仕事にかける思いを知り、顔を上げて話をする回数が増えました。プロの取り組み方を自分の活動に生かそうとする意識が芽生えました。

◆ 「思考・判断・表現」に関わる文例

特性キーワード 相手の立場を考えて活動／自分たちの課題を明確化／全校に向けて発表／展示方法を工夫／イベントを企画・運営／友達と協力しながらまとめる

「町音頭」では、音頭で町の人と仲良くするにはどうすればよいかを考えました。町の人が踊りやすいオリジナルの音頭づくりを通して、相手のことを考える態度が養われました。

「地域防災」では、地域防災を高めるために必要なことを、町内会の方々との対話や資料をもとに整理しました。自分たちのすべきことを明確にしていく力が高まりました。

「町写真展」では、実際の展示会場を見学して、展示方法の工夫を考えました。町の魅力を伝えるために会場設営の試行錯誤を繰り返すなど、伝える相手を意識して活動できました。

「学校の自然」では、作ったビオトープの環境維持のために必要なことを調べ、全校に発表しました。タブレット端末で写真を編集し、調べたことを分かりやすく相手に伝える力が付きました。

「折り紙」では、ケアプラザの方の助言をもとに、誰もが楽しめる折り紙交流会を企画しました。目的に沿った活動内容や進行方法について考え、交流会を計画的に運営することができました。

「ニュースポーツ」では、誰もが楽しめる運動を選択し、ルールを検討しました。ルール説明の動画を分かりやすく作成するなど、相手の立場に立ち、気持ちに寄り添う言動が養われました。

「竹」では、校内にある竹の種類や用途を調べ、活用方法を考えました。実際に作った竹炭や竹楽器、花壇などを校内に設置し、竹を有効活用する方法について発表しました。

「落語」では、落語で町に笑顔を増やそうという課題に取り組みました。集客、場の設定、落語の練習など、すべきことを明確にして、落語発表会の成功に向けて見通しをもって取り組めました。

「町写真展」では、展示方法の参考にするために、実際の写真展を見学をしました。町の魅力を伝えるための展示方法を友達と話し合いながら検討し、会場を設営することができました。

「学校の自然」では、ビオトープの維持方法を調べました。調べたことをまとめるのが苦手でしたが、操作方法を友達に教わりながら、写真に簡単なコメントを付けてタブレット端末にまとめました。

「落語」では、落語で町に笑顔を増やそうとしました。集客方法の検討や落語の練習など、落語交流会に向けた準備を周囲に教えてもらうなど、自分にできることから取り組みました。

◆「主体的に学習に取り組む態度」に関わる文例

特性キーワード 積極的に地域の人と交流／自分にできることを率先して実行／目標を立てて意欲的に行動／友達と協力し合いながら精力的に活動

「町音頭」では、音頭で町を活性化するためにオリジナルの音頭を作成しました。音頭発表会を何度も開き、積極的に町の人々との交流を深めることができました。

「地域防災」では、地域の消防団の方が地域防災のために力を尽くしていることを知り、その思いに共感しました。地域の中で自分にできることを実行していこうとする姿勢が見られました。

「町写真展」では、プロのカメラマンとの対話から仕事の喜びや苦労に気付きました。一つ一つの仕事に責任をもって取り組むことの大切さを理解し、自律的な姿が見られるようになりました。

「お茶」では、お茶の文化や良さを広めている人の話を聞き、その想いに共感しました。お茶の文化を守るために自分たちにできることを友達と話し合い、校内お茶会を開きました。

「学校の自然」では、専門家からアドバイスをもらいながら、ビオトープづくりに取り組みました。環境問題の専門家の思いを理解し、身近な自然環境を守ろうとする姿勢が育ちました。

「折り紙」では、ケアプラザで折り紙交流会に参加しました。地域福祉の充実に向けて尽力している人と関わることでその思いに共感し、自分にできることに取り組む姿勢が見られました。

「ニュースポーツ」では、福祉に携わっている方の思いを感じ取り、率先して関わりを持とうとする姿勢が見られました。誰に対しても思いやりの気持ちをもって人に接する態度が養われました。

「竹」の学習では、環境を守る活動として、竹の有効活用に興味をもちました。自分の生活を振り返り、身近なことから無駄づかいを防いでいこうとする意識が高まりました。

「落語」では、町に笑顔を増やすという目標を立て、落語発表会を開きました。発表会の成功に向けて互いに協力しながら練習する姿から、友達と認め合い、高め合う態度が育っていると感じました。

「町音頭」では、音頭で町を盛り上げるとの目標を立てました。最初は人前で踊ることに抵抗がありましたが、友達と一緒に活動を進める中で、少しずつ町の人と交流しようとする姿が見られました。

「ニュースポーツ」では、障害者との関わり方に戸惑い気味でしたが、交流会を重ねて福祉に携わっている方々の思いを感じ取り、積極的に手伝いをしようとする姿が見られるようになりました。

「竹」の学習では、友達からアドバイスを受けて、竹の有効活用法を知りました。竹食器や竹炭に興味関心を抱き、作り方の動画を見ながら友達と一緒に制作することができました。

索 引

児童の「活動内容」「活動場面」「学習内容」から検索いただけます。

執筆者一覧

●編著

小川　拓

（共栄大学准教授／元埼玉県小学校教諭）

1970年、東京都生まれ。私立、埼玉県公立学校教諭・主幹教諭を経て、2015年度より共栄大学教育学部准教授。2007年度から埼玉県内の若手教職員を集めた教育職人技伝道塾「ぷらすわん塾」、2015年より「OGA研修会」（教師即戦力養成講座）等にて、若手指導に当たっている。主な図書に『効果2倍の学級づくり』『できてるつもりの学級経営9つの改善ポイント―ビフォー・アフター方式でよくわかる』『子どもが伸びるポジティブ通知表所見文例集』（いずれも学事出版）他がある。

●文例執筆者（50音順）

井上　　勉（神奈川県横浜市立東台小学校）

井上　博子（埼玉県入間市立狭山小学校教頭）

岩川みやび（共栄大学教育学部准教授）

大澤　　龍（埼玉県和光市立第五小学校）

小畑　康彦（埼玉県さいたま市立大成小学校教頭）

髙橋　健太（在ロシア日本大使館附属モスクワ日本人学校）

髙橋　美穂（埼玉県上尾市立大谷小学校）

竹井　秀文（愛知県名古屋市立楠小学校）

千守　泰貴（静岡県東伊豆町立稲取小学校）

中山　英昭（埼玉県上尾市立東小学校主幹教諭）

原口　一明（元埼玉県公立小学校校長）

船見　祐幾（埼玉県さいたま市立栄小学校）

細野亜希子（埼玉県上尾市立西小学校）

溝口　静江（元神奈川県公立小学校主幹教諭）

※所属は2023年1月現在のものです。

●企画・編集

佐藤 明彦（株式会社コンテクスト代表取締役、教育ジャーナリスト）

新版 子どもが伸びるポジティブ通知表所見文例集 小学校４年

2023年4月1日　新版第1刷発行

編　者　小川　拓
　　　　（おがわ　ひろし）

発行人　安部　英行
発行所　学事出版株式会社
　　　　〒101-0051　東京都千代田区神田神保町1 -2 -5
　　　　電話　03-3518-9655
　　　　HP アドレス https://www.gakuji.co.jp

制作協力　株式会社コンテクスト
印刷・製本　精文堂印刷株式会社

ISBN978-4-7619-2902-2 C3037 Printed in Japan